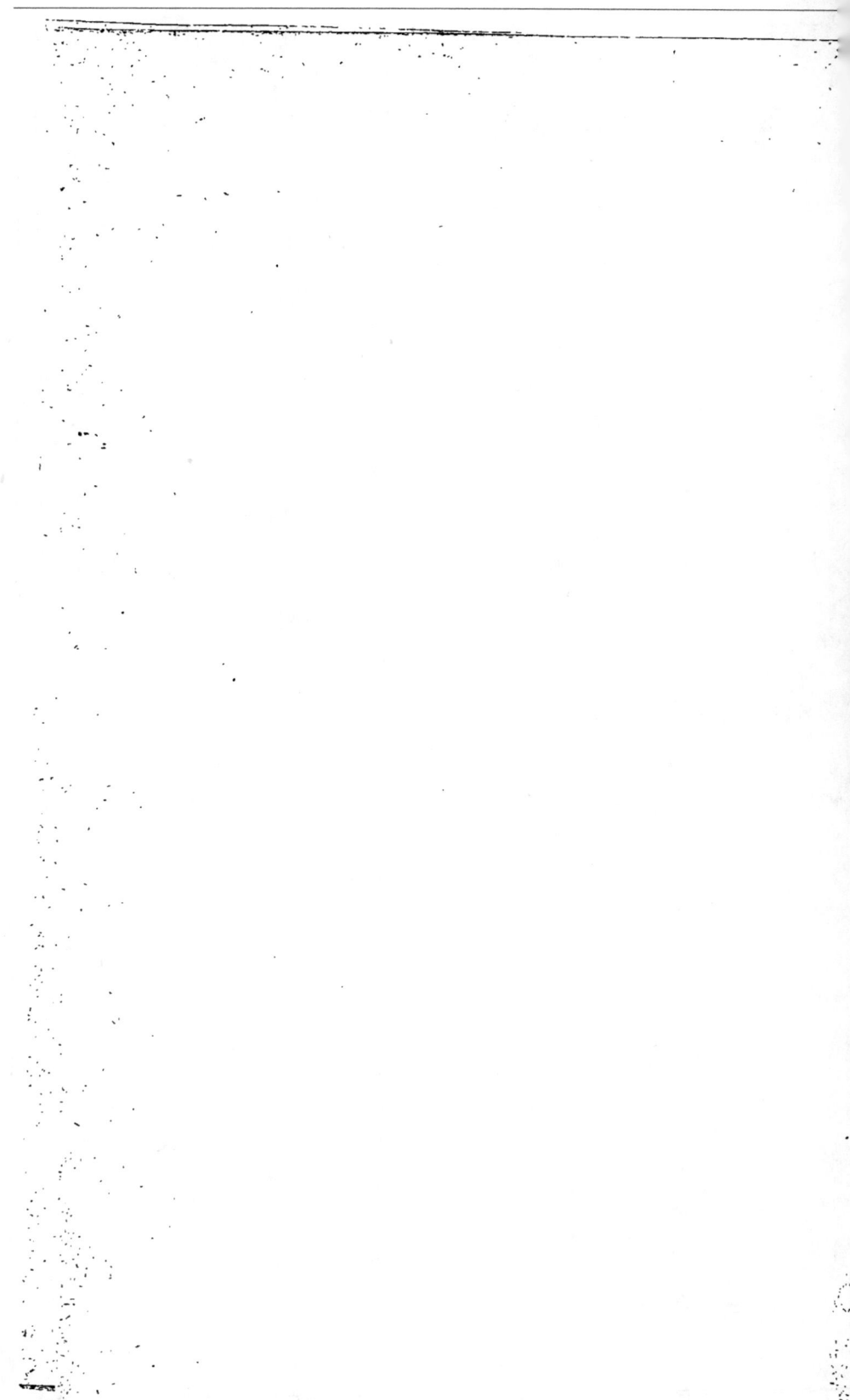

LETTRES
DE
MON SOLDAT

1915–1916

48431

LETTRES
DE
MON SOLDAT

LETTRES

DE

MON SOLDAT

1915–1916

NEW YORK
ŒUVRE "MON SOLDAT 1915"
1916

A
MON SOLDAT

PREFACE

Les lettres suivantes sont d'un jeune soldat de France, écrites du front à son parrain d'Amérique. Ce sont les lettres de *Mon Soldat*.

C'est vers la fin du mois de Juillet, 1915, que je lui écrivis ma première lettre. Nous étions inconnus l'un à l'autre. Mais je savais par l'Œuvre «Mon Soldat 1915» dont le siège est à Paris, que son domicile en temps de paix, une petite ville aux environs de Douai, était dans la région envahie. Il était seul, privé depuis le début de la guerre de nouvelles des siens et sans ressources. Je lui écrivis, m'offrant d'être son parrain de guerre.

Ceci fut l'origine de notre correspondance, le commencement de notre amitié. Ses lettres sont celles du simple poilu, tour à tour, variées, mouvementées, d'allure libre et vivante et presque sans transition, tragiques, puis gaies; pleines de reconnaissance pour le peu de secours et le peu d'appui moral que je pouvais lui offrir. «Mon cher ami», m'écrivit-il un jour, «je commence à redouter la fin de la guerre, car alors je vais vous perdre. Mais soyez bien sûr que vous aurez eu un ami Français plein de courage, plein de vaillance, et que pour vous il se serait fait tuer, car je ne peux pas oublier vos si bons encouragements. Merci, cher ami, merci».

Dix mois plus tard, j'eus l'occasion de faire un voyage en France. En même temps, mon filleul reçevait sa première permission. La rencontre entre le parrain et le filleul, tant desirée, eut enfin lieu, et, pour les deux, ce fut «le plus beau moment de la guerre».

Je souhaite que devant ces lettres si belles et si sincères, le lecteur puisse retrouver l'intérêt poignant et ressentir l'émotion profonde que moi j'ai éprouvée quand, pour la première fois, je les lisais, le cœur battant et les yeux voilés de larmes.

R. W. N.

New York, 1er Octobre, 1916.

LETTRES
DE
MON SOLDAT

LETTRES DE MON SOLDAT
1915–1916

3 Août, 20 heures 1915

Mon cher Monsieur

C'est avec une bien grande surprise et aussi avec une bien grande joie que je viens de recevoir votre si bonne lettre et croyez moi je vous en remercie de tout cœur car je suis heureux de voir tout ce qu'on m'avait dit au sujet de votre beau pays est bien vrai. Figurez-vous que c'est vous le premier civil qui m'écrit de cette façon si encourageante depuis le début de la guerre. J'ai bien un frère qui es comme moi soldat. Mais plus de parents à part ma vieille tante qui est rester la-bas ou repose les corps de mon Père et

Mère que j'ai eu la douleur de perdre quelque temps avant la guerre. Il faut que je vous dise aussi que je suis sur le front depuis le commencement et que jusque maintenant j'ai été assez veinard puisque je n'ai pas encore eu la moindre égratignure. J'ai eu juste un cheval de tuer sous moi en Belgique. À l'heure actuelle nous revenons des tranchées on nous avons recu pas mal de marmites mais ils en ont recu plus que nous encore. J'aimerais beaucoup mieux me battre à cheval comme au début, la au moins on les as à chaque coup et sans vanitée il faut au moins 4 Hussards de la Mort pour un cavalier du —— Lapin.

Maintenant que vous avez eu la bontée de me dire qui vous étiez, je vais en faire autant de mon coté. Je suis né à L., petit village de 2000 habitants situé à quelques kilometres de Douai et qui est malheureusement occupé par ces maudits Boches depuis les 23 Aout dernier.

Dans le civil j'étais garcon-boucher, j'ai

été à l'école jusque 13 ans ou j'y était fort studieux.

Comme vous le verrez, je vous fais une lettre un peu bavarde mais excusez moi je suis si heureux de pouvoir causer un instant Eh puis les lettres doivent mettre longtemps pour aller si loin.

J'espère que vous serez assez bon pour me faire encore une longue lettre car si vous saviez comme cela me fait plaisir Vous me direz aussi si vous avez fait un bon voyage et si vous n'avez pas été embêté par un de leurs sale sous-marins, car cela me fait beaucoup de peine de voir ces lâches s'attaquer à des civils et aux neutres. Mais le jour de la punition arrivera tôt ou tard On reccommenceras une campagne d'hiver sil le faut, mais nous irons jusquau bout.

Je vais être obliger de m'arreter mais soyez sur que nous sommes tous rempli de confiance et en même temps plein de reconnaissance pour votre si grand et si beau pays.

Allons au revoir Monsieur, je vous quitte

en vous envoyant mes plus grands respects et ma plus profonde reconnaissance ainsi qu'à votre sœur et ses Chers Petits Enfants.

Votre devoué Poilu

S. D.

Merci Mille fois Merci pour vos bonnes cigarettes on les a trouver excellentes moi et mes camarades vous remercie de tout cœur. Vous me direz si vous n'êtes pas amateur dun petit souvenir Boches j'en ai de beau et c'est avec plaisir que je vous les offre Si vous en avez l'occasion seriez vous assez bon pour remercier la personne qui vous a donner mon adresse car je ne sais pas qui? Je vous souhaite une bonne santee ainsi qu'a toute votre famille.

Courage espoir et malheur aux Boches. Les cigarettes était en très bon etat.

X=21 Aout 1915

Cher Monsieur

Nous voila arriver au 21 Aout, date à laquelle vous m'aviez dit que vous deviez rentrer à New York, et depuis votre première lettre je pense souvent à vous en me demandant si il ne vous est rien arrivé en cours de route. C'est bizarre mais ca m'embète autant que de savoir un de mes copains en patrouille et de ne pas avoir aucune de ses nouvelles. Mais j'espère bien que vous n'avez pas vu la queue d'un seul (sous-marin) et que sous votre pavillon ils n'auront pas le toupet de vous chercher chicane.

De mon coté ca ne va pas trop mal et je puis vous dire autant que j'ai été infortune et peu veinard dans le civil, autant je suis chancard avec les balles et les marmites. Ils tombent souvent près de moi presque desus même et et rien à part une manche de traversée ou mon casque envolé. Vous voyez donc que j'en sortirais vivant. Je pourrais vous raconter bien des petites histoires toutes fraiches mais la cencure ne rigole pas et ma fois je lui donne raison: car il y en a qui attiche trop.

Enfin cher Monsieur j'espère que vous etes

rentrer en bon port vous et votre famille et que ma lettre vous trouveras en parfaite santée et j'espere aussi que si vous le pouvez vous m'écrirez une belle longue lettre comme la première.

En attendant ce plaisir, Recevez Cher Monsieur, mes plus grandes amities accompagné de mes plus grands respects ainsi que toute votre famille.

S. D.

P.S.—Excusez moi de vous écrire au crayon. Je n'ai que ca pour vous envoyez mes meilleurs souhaits.

Il faut que je vous dise aussi que j'avais une permission de 6 jours mais je ne sais ou aller, allors je reste.

10 Septembre 20 heures=1915

Cher Monsieur

Il m'est impossible de vous décrire avec quelle joie j'ai recu votre si gentille lettre

10 Septembre 20 heures = 19

Cher Monsieur

Il m'est impossible de vous décrire
avec quelle joie j'ai reçu votre si
gentille lettre accompagnée de ce précieux
livre et de vos si magnifiques cartes
D'abord je commençais déjà à m'ennuyer
après vous et voilà que tout à coup
que tout cela m'arrive comme une
grêle de balles vous devez me voir d'ici
comme je devais être content moi qui
reçois si rarement une malheureuse carte
et d'un seul coup 3 lettres et un chic livre
c'est à ne pas le croire et pourtant c'est
bien vrai. Je suis pourtant bien fatigué
mais si vous me voyez sûrement que vous
ririez de bon cœur attendez que je vous
explique. Je suis sur la paille bien blanche
entouré de tout mes camarades et je
leur montre vos chères photos ils en sont
tous épatés et vous ne saurez sans
doute jamais les paroles qui ont été
dites à ce sujet

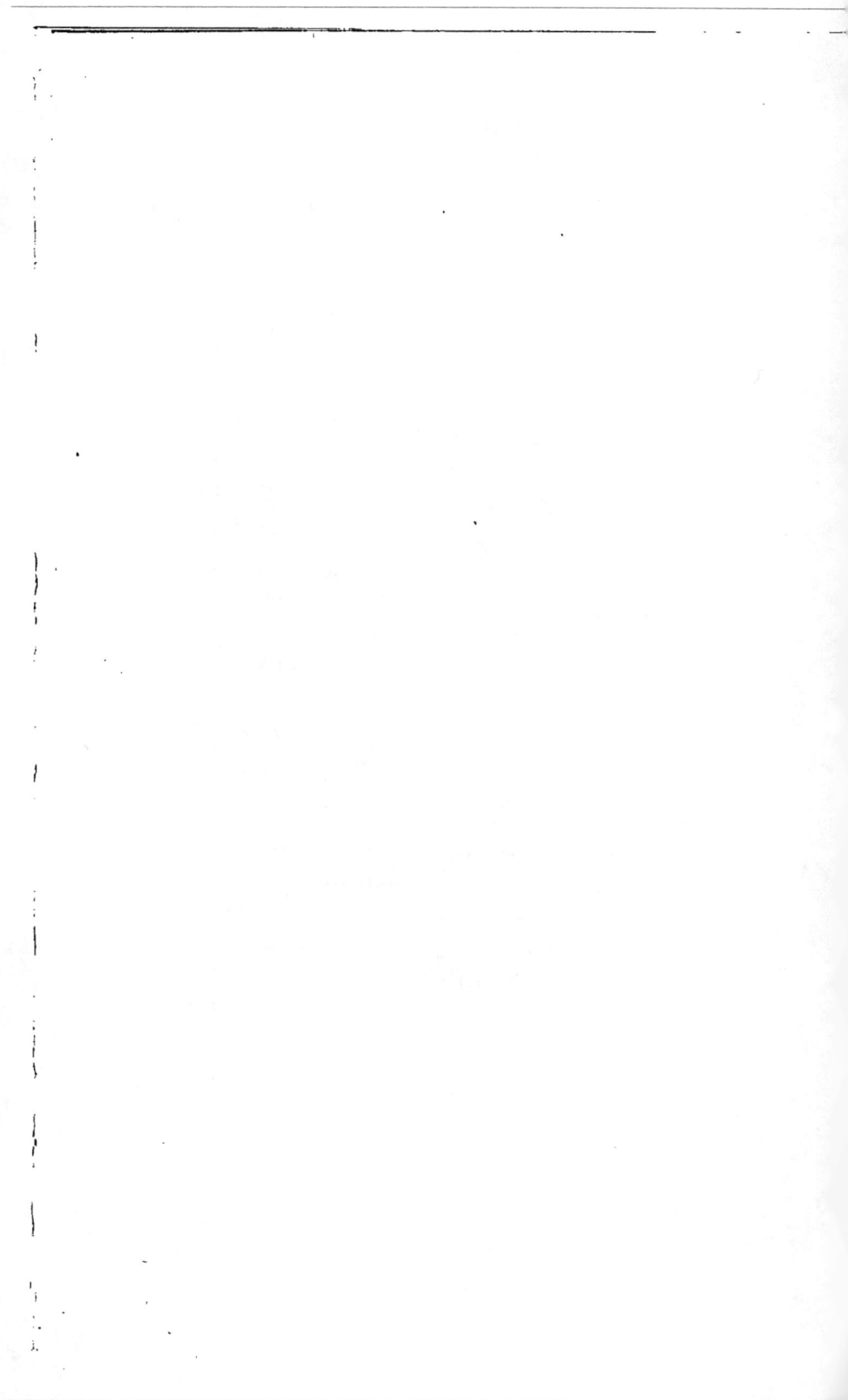

accompagnée de ce precieux livre et de vos si magnifiques cartes. Dabord je commencais déja à m'ennuyer après vous et voila que tout à coup que tout cela m'arrive comme une grèle de balles, vous devez me voir d'ici comme je devais être content, moi qui recois si rarement une malheureuse carte et d'un seul coup 3 lettres et un chic livre. C'est à ne pas le croire, et pourtant c'est bien vrai. Je suis pourtant bien fatigué mais si vous me voyez surement que vous ririez de bon cœur. Attendez que je vous explique. Je suis sur la paille bien blanche, entourez de tout mes camarades et je leur montre vos chères photos ils en sont tous épatez et vous ne saurez sans doute jamais les paroles qu'on été dites à ce sujet. Bref, on discute sans savoir mais on tombe d'accord pour savoir ce qu'il nous reste à penser sur les citoyens de l'Amérique du Nord. Ce qui m'as encore fait le plus plaisir c'est de vous savoir rentrer à bon port car je pensais bien souvent à vous et quand par malheur j'apprenais un malheur en mer, je ne vivais plus tant que je n'étais pas certain que vous n'étiez pas sur ce vapeur.

J'espère que vous voudrez bien m'excuser car je ne croyais pas avoir affaire à un historien de la Marine Americaine et cela m'ennui enormement. Je ne sais plus de quel côté m'y prendre. Enfin, Cher Monsieur, sachez que dorénavant vous avez un petit ami qui pense bien souvent à vous et que par vos bonnes paroles vous avez su faire oublier bien des peines.

Merci, Merci.

Ne vous étonnez pas si je ne vous mets pas de nouvelles du front, mais cela m'est impossible pourtant j'en sais beaucoup, mais si je vous le disais ma lettre ne vous arriverais peut-être pas, alors j'aime mieux me taire. Plus tard, si j'en sors, je pourrais vous en dire beaucoup plus long.

Allons, mon cher Yankee, voila 21 heures qui sonne et j'ai les yeux qui se ferment, je dors tout debout. Surement que ja vais rêver de vous cette nuit et demain il va y avoir du nouveau, ca va ruer je crois. Il fait très bon, le canon ne veux pas se taire ce soir. Pourqu'oi? Il a encore faim. Mon Dieu comme il est gourmand depuis quelques jours.

Veuillez, je vous prie, presentez mes plus grands respects à Madame votre Mère ainsi que mes meilleurs souhaits pour toute votre famille et conservez pour vous je vous prie toute ma reconnaissance, tout mes remerciements, et mon plus profond respect.

S. D.

Je vous joint une de mes petites photos vous y verrez mon cheval Faisan, que j'aime beaucoup. Il est d'une douceur et d'une intelligence remarquable. C'est mon meilleur camarade.

Je m'arréte la car decidement je finirais par vous ennuyer peut-etre. Au Revoir. Cher Monsieur que je ne connais pas, Merci, Mille fois Merci. Écrivez vite si vous le voulez bien vous me changez complètement les idees. Mais surtout dites vous le bien que la bas, à son creneau, il y a un brave petit poilu qui pense à vous

S. D.

Il faut que je vous le dise, Cher Monsieur, votre livre, je l'aime autant que moi, mais je ne puis le lire, puisque il est écrit dans la langue à Shakespeare. Quel dommage que je ne puisse le lire. Mais qu'importe il sera pour moi un glorieux souvenir. À Bientôt le plaisir de vous lire Bonsoir, Bonsoir, Bonne Santée.

S.

X=18 Septembre 1915

Cher Monsieur

C'est toujours avec une bien grande que je recois vos charmantes lettres. C'est très bien cela et au moins comme ca je ne me plaindrais plus que je ne recois plus de nouvelles.

Je ne m'attendais pas à vous lire si tôt que ca, votre lettre à mis exactement 15 jours pour venir ici. C'est épatant.

Le plus que vous m'avez faire rire ca été avec vos caricatures. Je les trouve délicieuce et maintenant je n'attends plus qu'une nuit bien noire pour les porter tout près des tranchees boches à la premier occasion. Ils en seront fous quand ils verrons que l'on tourne en risée leur Empereur dément en Amérique comme en France, ce sera la une petite victoire à ma maniere. Je n'aurais plus qu'à regarder moi et mes copains la tete qu'ils feront en voyant ca.

En ce moment ca ne va pas trop mal, il fait toujours un temps superbe et ou je suis les marmites ne viendront pas me trouver. On ne se fait pas de bile on prend le temps comme il vient. Mais on est tous plein d'éspoir et de courage et sur qu'on les auras un jour.

Je suis heureux aussi de savoir que leur mauvaise propagande ne prend pas chez vous et que ces quatres matins ils pourrait bien savoir du nouveau de votre pays. D'après les journaux ca ne marche pas trop bien. Ce sera bien fait pour eux, ils sont bien solides dabord. Je vous envoie ce trèfle à quatre feuilles je les trouvé ce matin à 4 heures à peine si il faisait jour. Je ne sais pas si c'est le même chez vous mais dans mon pays on dit que c'est un porte bonheur. Tout que je sais c'est qu'ils sont rares par ici.

Je vais m'arreter la car le waguemestre va passer et il faut que je lui donne.

En attendant le plaisir de vous lire, Recevez, Cher Monsieur, Tous mes remerciements, toute ma reconnaissance, et ma plus grande amitié accompagné de mes plus grands respects,

S. D.

Je vous remerci beaucoup de penser si gentilement a moi au sujet des gants et chaussettes. Faites comme vous voulez. Pour le moment j'en ai pas besoin, puis-qu'il ne fait pas encore froid. Mais il me seront bien utiles dans 1 mois.

Merci, Mille fois Merci

Cher Monsieur

Quant aux souvenirs que je vous ai promis je ne loublie pas mais je veux vous envoyer quelque chose de rare. J ai deja quelque chose mais cela ne me suffit pas Il faut absolument que vous en soyez fier. Dailleurs vous le verrez prochainement.

Voila une vue d un petit pays ou j'ai cantonne un moment et ou j'ai ete admirablement bien recu situe a 10 kilometres du front.

Bonne nuit

Bonsoir.

23 Septembre=1915

Cher Monsieur

C'est avec une bien grande joie que j'ai recu un beau colis en votre nom de la part de votre cousin. Mais cest trop Cher Monsieur et vous allez finir par me gâter. Le plus que je suis heureux c'est d'avoir une bonne pipe ce coup la j en ai une belle, c'est elle que j'aime le mieux, en suite le fil, le savon, des chaussettes, tout m'est venu à point et justement je l'ai recu la veille d'une longue étape. Pensez-donc si j'en ai fumer de ces boufardes Enfin je l'aurais choisi moi même je n'aurais pas mieux fait.

À part ca que ce passe-t'il de nouveau à New York? et puis êtes vous toujours en bonne santée j'aime à croire que oui.

De mon coté toujours le meme vie. Je ne m'ennui plus depuis le temps que je vous écrits et que je recois couramment de vos nouvelles. Ah, j'oubliais de vous dire que mon coup des caricatures à Guillaume a réussi, mais ils sont tellement bêtes ces gens la qu'ils se sont fachés et qu'ils nous ont envoyez en fait de remerciement toutes une série de 77. Mais j'en rigole encore rien qu'a y penser. Ils les ont enlever la nuit et je vous prie de croire que ca ne leur a pas plu.

Enfin cher Monsieur, je me depeche de finir car mon brigadier rouspete ce faut que j'aille prendre ma faction de suite.

Au revoir, cher Monsieur, Bonne chance, et bonne santée a tous.

Recevez s il vous plait ma plus grande reconnaissance.

Merci Merci

Votre jeune ami qui pense à vous

S. D.

4 Octobre 1915

Cher Monsieur et Cher Ami

Je suis sur que vous deviez vous demandez
ce que je suis devenu, ah oui! j'en ai fait du
beau Une seconde, je suis dans le pays au
bon vin mais il y en a plus maintenant et y a
en revanche une tapée de sales Boches. Quest
ce qui ont pris les malheureux Jaurais voulu
vous avoir pour cinq minutes pour vous
montrer de belles choses Ils ne cranaient plus
les gas et je suis certains que les Saxons se
rappelleront du 29 septembre.

J'oubliais de vous dire que je suis en
bonne santée encore. J'en suis épaté ; ce sera
pour la prochaine fois ce coup la j'en ai des
souvenirs a vous envoyez mais j'ai peur que
l on me les barbotte en route.

J aime mieux les garder un moment. je vous les ferais parvenir prochainement.

Et vous? Etes vous toujours en bonne santée? Oui je pense et vos journeaux que disent ils de tout cela? Voulez-vous me le dire s'il vous plait

Allons Cher Monsieur Ecrivez moi vite de vos bonnes nouvelles.

Recevez Cher Monsieur mes plus grandes simpathies avec tout mes respects

Tout à vous

S. D.

Pardonnez mon crayon je nai que ca pour vour ecrire

19 Octobre 1915

Cher Ami

Comme j'ai ete heureux de lire votre si gentille lettre. Savez-vous? que le temps commencait déja a me sembler bien long. Et je me disait anxieux. Aurais-je bientot des nouvelles, et voila que tout d'un coup apres avoir diner je recois vos si intéressants journeaux, doublé de votre si bonne missive. Bravô, Monsieur Robert Merci mille fois Merci.

Savez-vous aussi que Dame Cencure a eu la curiositée d'ouvrir votre lettre et je suis bien certain que, quand ils auront vu votre figure, a la fois si franche et si sympathique, ils auront dit: Ca va bien, c'est un ami, oh, oui, je la garde bien précieusement. Elle est avec la mienne et elle ne me quitteras plus de sitôt, et si un jour, qui sait? je viens a tomber, mort ou vivant aux mains des Boches, Ils pourront voir comment le Soldat Francais sait se faire aimer et comment il tiens a etre ami avec tout le monde.

Quant a Faisan, il est toujours plein de courage et il n'attend plus que le grand coup aussi. Non, Cher Ami, je n'etait pas parmi ceux qui ont eu le bonheur de partir a la charge, c'est a dire, sabre au poing contre ces chiens maudits qui ont sali a jamais mon cher petit pays. Qu'importe, ont les auras. Tot ou tard et surtout que jamais je ne mette

les pieds chez eux car aussi bon que je ne
suis aussi mauvais je serais. Vous me dites
aussi que vous avez de bonnes cartes de notre
front. Mais c'est bien et attendez une seconde
je vais tacher de vous faire savoir a peu pres
ou je suis sans offenser la defense Nationale :
Vous avez votre carte n'est-ce-pas. Bon.
Mettez le doigt sur Nieuport, bien, descendez
encore, encore, tournez, avancez, doucement,
un petit peu. Halte, Nous y voila ! C'est un
pays assez beau. Cette plaine a perte de vue
aurait fait l'affaire a Guillaume le Fou. Mais
il va falloir qu'il laisse tout cela, car les rai-
sins sont trop vert, et le vin de si bonne re-
nomme serviras aux Alliées le jour de la
finale.

J'ai regarder vos journeaux avec attention
et je suis tres heureux de voir que la bas,
chez-vous etes franchement francophile, et
je vous en suis reconnaissant.

Mes officiers, m'ont demander a les lire et
ils applaudissent vos grands quotidiens, Le
Sun et le New York Times.

En ce moment c'est assez calme, et on est pret pour l'hiver. Je ne sais pas ce que l'on a envie de nous faire faire. Tout ce que je sais c'est que tout nous plait et que avons ce qu'il nous faut pour vaincre.

Et vous? maintenant, Etes vous toujours en bonne santee oui je pense. D'ailleurs sur votre photo vous me paraissez etre bien bati. Je crois deja vous l'avoir dis, j'ai recu un joli paquèt de votre cousin voila 1 mois environ et il m'as bien fait plaisir. tout ce qui avait dedans etait bien utile, des boutons mecaniques, une pipe, et du tabac. Mais maintenant que je gagne dix sous par jour, ca va un peu mieux. Vous pensez comme on en est heureux 50 centimes au lieu de 10 c'est une difference.

Allons il faut que je vous quitte, Cher ami. je voudrais pouvoir tout vous raconter de vif-voie, car j'ai beaucoup de choses interessantes a vous dire. Ce sera pour plus tard, mais sachez que votre jeune ami vous sera toujours reconnaissant et qu'il vous aime d'un grand cœur. Une bonne poignee de main

S. D.

p.s.—Les hommages les plus chaleureux de Faisan à Hickory.

À Bientot le plaisir de vous lire. Au Revoir. Presentez, s'il vous plait mes plus grands respects a toute votre famille.

8 Novembre 1915

Cher Ami

Si vous saviez comme je suis content car je vais vous en dire tout de suite la cause. Je viens de recevoir tout vos si beaux journeaux, et comme je les trouves bien jadmire tout a mon aise votre beau New York avec ses grattes ciel si impressionnant, et cette Fifth avenue Ne serait-ce pas la votre par hazard. Bon sang quel monde et je me demande bien comment toute cette foule parviens a circuler. J ai deja vu Paris une fois mais il me semble qu il est bien tranquille a cote de votre capitale. Je les trouve tous au plus interessant et je suis fier de vous dire que je comprends presque tout ce quil a dessus. Dailleurs quand je suis en peine vite je cours chercher mon copain Naveillan qui lui a la chance de parler Anglais alors il me renseigne sur tout ce qu ils disent.

Nous en avons aussi des journeaux mais pas comme les votres. Jy admire aussi votre marine et je voudrais bien la voir a cote de la notre. Enfin vos Le Sun, le Tribune de New York, font la joie de l escouade et je vous en remercie au nom de tout mes camarades. Je vous dirais aussi que je les gardes bien soigneusement pour pouvoir les regarder plus tard. Maintenant quand vous lirez ces mots je serais surement a mon poste en premiere ligne et jespere souhaiter la bonne annee a un Boche ou deux et je tacherais de leur faire voir comment l on sy prends. Cest assez facile la nuit et tout le monde rigole. Comme souhait je lui envoie quelques bonnes grenades et si c est pas suffisant mon epingle a chapeau (Baionnette). Il ne fait pas trop froid, eh puis quand meme avec ce que vous m avez envoyez, je ne crains pas la temperature la plus basse.

Maintenant cher Ami, vos souvenirs sont pret et ce serait vraiement regrettable qu ils segarent car c'est moi qui vous les ai choisi en plain furie. Il y a un beau casque a pointe, il vien d un officier le jour de la grande attaque, un poignard et aussi un joli porte plume fait avec deux cartouches Boches aussi qu un encrier fait aussi avec un obus 77. Je crois que tout ces bibelots vous feront plaisir n est ce pas. Dabord je vous dois bien ça.

Eh vous maintenant etes vous toujours en bonne santee je pense que oui, vous ne devez pas vous ennuyez en lisant tout vos beaux journeaux Enfin je vais terminer en vous en envoyant mes meilleurs souhaits de bonne annee et que vous soyez toujours le plus heureux des hommes. Je vous remercie egalement de tout cœur de ce que vous faites pour

moi aussi croyez-moi je serais toujours bien
courageux je vous l assure et jespere bien
que 1917 nous apporteras la victoire qui nous
libereras a tout jamais de cette race maudite.

Bonsoir cher Ami, je m en vais coucher il
est 8 heures du soir

Bonne santee et Merci

S. D.

X le 11=11=15; 22 heures ½

Cher Ami

Voila deja un moment que je ne vous ai
pas ecrits et pourtant j en avais bien l envie,
mais je n'avais pas grande nouvelles a vous
adresser et de plus j ai ete malade a la suite
des gaz qu'ils nous ont envoyes dernierement
Dabord et vous meme, etes vous toujours en
bonne santee et votre villegiature dans cette
charmante villa sest elle bien terminee, jaime
a croire que oui: Il faut que je vous dise que
jai recu un second colis de votre cousin et
cela je vous assure me cause toujours un
bien grand plaisir. Il mas envoyé une belle

blague en caoutchoux, du tabac, une belle chemise, en un mot je naurais pas mieux choisi, aussi je vais le remercier de tout cœur. Quant a moi, cest toujours le meme vie. En ce moment je suis a l'honneur. Il fait un temps affreux. je suis dans ma cagna et jentends la pluie, le vent, et de temps en temps les obus qui arrivent non loin dici. Mais heureusement que nous sommes toujours bien courageux. Voila l'hiver on l'attends de pied ferme. Eux aussi. Oui on souffre mais on les auras Et puis puisqu'il le faut on se resigne.

Comme vous pouvez voir dans les journeaux ils se servent encore de gaz sur un assez grand front mais ce truc la est condamme a la faillite. Oui cest cela, je vous remerci beaucoup envoyez moi vos journeaux,—Le Courier des Etats Unis—Car je n'ai pas encore le bonheur de savoir lire dans votre langue. Vous trouverez dans ma lettre une de mes photos que je viens de retrouver. C'est un de mes amis prisonnier qui viens de revenir de chez nous qui me las rendu. Elle date de 2 ans. j'etais encore a la caserne à Verdun. En ce moment j etais heureux j avais encore ma Mere et je revais deja les plus belles choses. Vous y verrez aussi l'ancienne tenue des Hussards.

Allons Au revoir cher Ami. Je vous quitte en vous souhaitant une bonne santee et recevez en meme temps avec tout mes respects ma plus grande reconnaissance.

Votre jeune ami qui pense bien souvent a vous

S. D.

Veuillez je vous prie presentez mes plus grands respects à Madame votre Mere. Ecrivez moi vite s'il vous plait car e m'ennui beaucoup de ne pas recevoir de vos bonnes nouvelles. Vite une reponse cher Ami.

p.s.—Si par malheur il marrivait quelque chose vous en serez prevenu par mon officier car je lui ai demandé ce plaisir la Bonsoir, Bonsoir Dormez bien.

A quand le plaisir de vous lire. Bonne nuit
Je vous ecrirais encore prochainement.

S. D.

20=Novembre: 11 heures 1915

Cher Ami

Si vous saviez comme le temps me semble
long de ne pas recevoir de vos nouvelles. Je
regarde vos anciennes lettres, la derniere
date du 1er Octobre, voila bientot deux mois
de cela et je n'ai pas encor eu le plaisir de
vous lire. Je suppose que vous etes toujours
en excellente santee et ce n'est la qu'un
manque de temps qu'en est la cause. A part
ca tout va bien. Je crois que vous savez ou je
suis, l'hiver commence a se faire sentir, mais
on supporte ca assez gaillardement, eh puis,
jai bien passer lhiver dernier, je passerais
bien celui ci. Mais je ne sais pas, mais depuis
un moment, j'ai de mauvais pressentiments,
c'est bête, mais c'est ainsi. D'ailleurs je ne
me fais pas d'illusions a ce sujet. J'ai toujours ete veinard et quand ca changeras, ce

sera pour de bon. Ce qui me console c'est que
j'aurais fait ma part en faisant mordre la
poussiere a plus d'un Boche ma peau sera
chèrement vendu. En tout cas, si il m'arri-
vait malheur, vous en serez prevenu imme-
diatement. Jai des amis qui vous enverrons
mon carnet de route que je fais soigneusement depuis depuis le 1 jour de la guerre.
Vous y trouverez jour par jour les joies, et
les chagrins que cette guerre m'as occa-
sionné.

Parlons un peu d autres choses, voulez-
vous. Le temps est triste, lui aussi et pourtant le canon n'arrete pas depuis hier soir
ca nous passe au dessus de la tete on ne s'entend plus mais je trouve que ce nest pas
encore fort assez hardi les 75 plus fort ca
nous rend complement fou, hier dans la matinee, cetait calme aussi j en ai profite pour
moi sculpter.

Quand à vos souvenirs que j'ai promis je
ne les ai pas oublie et je vous demanderais
par la meme occasion si vous n'auriez pas

aime avoir une bague en aluminium si cela vous plait envoyez moi la grosseur de votre doigt decouper dans un morceau de papier et je me ferais grand plaisir de vous l'enverrais avec le reste c'est entendu, n'est-ce pas Cher Ami, ne l'oubliez pas ou sans cela gare.

Vous allez encore dire que j'ai une bonne langue, mais que voulez-vous Je suis si heureux de vous causer. J'ai recu hier une lettre de Monsieur votre cousin. Il est bien aimable pour moi et il m'as deja envoye 2 beaux colis de votre part Merci Merci.

Allons au Revoir Cher Ami, je vous souhaite bonne santee et bonne chance.

Presentez mes plus grands respects a votre Chere Maman et surtout dites bien la bas a tous que nous vaincrons coute que coute.

J'espere que vous ne tarderez pas a me repondre, une belle lettre car le temps me semble tres long et ca me donne le cafard.

Une bonne poignee de main,

S. D.

p.s.—Voulez-vous me dire, s il vous plait
combien avez vous recu de lettres de moi depuis le mois d'Octobre car je crois qu ils ne
vous arrivent pas tous et dites moi aussi si
il faut mettre des timbres.

X 24 Novembre 1915=20 heures.

Cher Ami

Comme j ai ete heureux hier soir en ren-
trant des tranchees quand on m as remis vos
si deux bonnes lettres, car vous le savez deja
je m ennuyais beaucoup de ne pas recevoir
de vos nouvelles mais je vois que vous ne
m oubliez pas et que nous sommes toujours
une bonne paire d ami n est ce pas. Quand
a votre colis je n ai pas encore eu la joie de
le voir pourvu qu il nest pas un sal embusqué
qui me l'est fauché ca je ne pourrais pas le
pardonner.

Mais il n'est pas encore trop tard et en ces
moments difficiles, il faut toujours avoir
espoir. Les journeaux non plus jen ai pas vu

la couleur, mais j ai recu vos caricatures qui sont etourdissantes de gaitees. Celles la je ne pourrais peut etre les envoyes aux Boches de sitot car ils ne sont guere aimable ces c. la. Ils leur est arrivé une sale histoire dernierement. vous ne l avez sans doute pas su quel dommage que je ne puisse vous la raconter. elle vaut de l'or ce jour la ils n ont pas eu de veine. En tout cas, vous pourrez peut etre en prendre connaissance un jour sur mon carnet de route ou des tranchees plus tot. Enfin me voila tranquille pour 10 jours. je n entends plus ce bruit si agaçant de leur 77 et je peux fumer une bonne cigarette tout a mon aise. en attendant l'hiver se passe sans trop de mal car on commence a etre rompu a tout des genres de sport.

Eh vous maintenant. Avez vous recu ma photo? Moi j'ai recu la votre et j en suis bien heureux, surtout de voir que vous aimez les sports d'hiver. Rien de meilleur pour la santee, croyez-moi, ce n'est pas du ski que je fais mais quand il pleut beaucoup,

cest du patin a roulettes que j adore le plus
dans notre tranchee. Ici il fait un temps gris
mais pas trop rigoureux je suis cantonne
dans un charmant petit village. Nous avons
de la bonne paille aussi on dors comme des
loires.

Allons Cher ami, il faut deja que je vous
quitte. J espere que ce bout de papier vous
trouveras en bonne santee et que vous ne
serez plus si longtemps sans m'ecrire. Aussitot votre colis arrive je vous en ferais part.
Je vous souhaite bien le bonsoir et Recevez
comme a l'habitude tout mes remerciements
accompagne de ma plus grande reconnaissance.

Votre jeune ami qui pense bien souvent à
vous   S. D.

Excusez mon crayon impossible de trouver
un porte plume.

29 Novembre 1915=15 heures

Mon cher Ami

C est avec plaisir que j ai recu hier et avant hier vos 3 beaux journeaux aussi je me suis depeche de lire bien vit pour pouvoir les relire ensuite. Comme il est interessant le Courier des Etats Unis et comme je les trouve epatant. Entre autres les contes au sujet de la vie militaire de chez nous sont fort exact et les notes du mitrailleur me plaisent beaucoup. Ce que je regrette le plus c est de ne pas pouvoir lire le Mid-Week Pictorial. Je le comprends a peu pres et ce qui m amuse le plus c est de voir les caricatures que les Boches font sur nous. Comme ils sont betes. J espere que vous continuerez a me les envoyer de temps en temps car j aime beaucoup lire surtout sur vos journeaux. Jai recu aussi un colis de votre part de Monsieur F. Vous savez il a le chic pour choisir ce quil m envoie. Il mas envoye un bon tricot, une belle trousse toute garnie et gentille comme tout, du tabac que jaime tant et des bougies qui sont tres utiles. Cest tres bien aussi je me suis empressé de le remercier.

Maintenant de mon cote ca ne va pas trop mal. Nous supportons assez gaiement ces vilains temps et nous sommes toujours plein de courage. Il gele deja fort mais on s en moque en ce moment je suis au repos en attendant d aller reprendre ma place. Je ne sais pas ce qui se passe ailleurs c est rare quand on peut avoir un journal du jour. Et vous, maintenant, vous etes toujours en bonne santee, je pense et vous ne vous ennuyez pas trop. Fait-il beau temps dans votre grand New-York.

J attends que vous m envoyez la grosseur de votre doigt pour vous faire la bague je vous enverrais tout ensemble Comment la voulez vous? Est avec un bouton boche ou une petite balle encastré dedans. Dites le moi.

Maintenant je suis content je vois que vous etes bien renseigner par vos journeaux et que vous savez tout mieux que moi, car ce que vous lisez est vrai surtout le numero concer-

nant notre grande offensive du 26 septembre.
Je vous dis au Revoir, Cher Ami et je vous
remercie de tout cœur de vos gentillesses que
vous me montrer, aussi je vous en suis bien
reconnaissant. Je vous souhaite aussi bonne
chance et bonne santee, ainsi qu a toute votre
famille.

Votre jeune ami

S. D.

P.S.—Je n ai pas encore recu la paire de gants,
mais patience.

4 Decembre 1915. 3 heures

Mon Cher Ami

Je suis tres heureux de vous dire que j ai
recu votre precieux petit colis. Vous voyez
bien que l on ne doit jamais desesperer oh,
mais elles sont bien belles et chaudes, vs
chaussettes d amerique et les gants, avec ca
je pourrais passer mes heures de faction un
peu plus gaiement. Nous en touchons bien,
mais au mois d'Avril comprenez-vous alors

il sera trop tard. J ai recu aussi un colis de votre part de votre cousin, vous le savez deja, je crois avec ca j en ai pour un bout de temps.

Il fait un temps affreux, il pleut, il pleut a verse et je me demande ce que l on va devenir. Poisson assurement, et je pense bien que le ciel vous est plus.clement pour vous tous. Je compte aller aux tranchées prochainement. Il y a t il du nouveau par chez vous. Les Boches sont ils toujours aussi mauvais hôtes. Mais vous n avez qu a les zigouiller, pour l amour de Dieu ils sont embètant.

Je vous souhaite bonne santee, comme chance. Je ne suis pas fort bavard ce soir car, j entends qu on crie pour le rassemblement et nous sommes juste quatre dans l escouade.

Au Revoir Cher Ami, je vous remercie beaucoup de ce que vous faites pour moi et je ne l oublierais pas, soyez en sur.

Recevez tout mes respects avec ma plus grande reconnaissance.

S. D.

16 Decembre 1915=14 heures=

Cher Ami,

Comme je suis heureux de pouvoir venir vous remercier de votre si bonne lettre, ainsi que de votre si gracieux cadeau de Noël. Comme je les trouve beaux vos crayons, Bleu, Blanc, Rouge, avec mon nom inscrit dessus. Je naurais jamais cru tant de belles choses, car rien ne maurais fait plus plaisir que cela, parceque voyez-vous, cela me rapelle, beaucoup le temps ou ma Chère Mère, m en faisait autant a pareille époque. Aussi cela m as touché profondément. Eh! puis, ils sont si jolies, ces trois couleurs que j aime tant. Vraiment je vous en remercie de tout cœur, aussi je ne les taillerais point, Je les garderais bien soigneusement et ils vont aller retrover votre beau livre et tout ce que jai recu de vous, car ce sont de trop beaux souvenirs.

Eh, votre chere lettre du 22 Novembre me disant que vous etes au Nord de New-York, sur une hauteur ou vous avez une vue splendide sur toute la nature. Comme je vous envie et comme je serais ravi de voir tout ce beau paysage, car ici sans etre bien malheureux on nest tout de meme pas a son aise. Nous sommes dans un bois de sapins, des sapins noirs qui vous donnent l impression de deuil. Pas une maison, meme mieux personne. Comme c est triste. Mais en échange nous avons toujours cette vieille gaitee Francaise, qui fais notre force. Toujours on plaisante, on nargue la Mort, et soyez sur que ce n est pas le courage ni l'idee de vaincre qui nous manque. Vous me demandez aussi, Cher Ami, si je ne connais pas un de vos amis qui etait dans le secteur ou jetais justement auparavant. Non, malheureusement, car vous pensez bien si j en avais entendu causer je m aurais vite fais le plaisir d aller le voir, car maintenant les Américains me sont trop chers pour que je ne m occupe pas d'eux, et je puis vous dire, si jamais j en trouve en peine je saurais bien me rappeler de votre nationalitee. Eh vous? Maintenant. Etes vous

toujours en bonne santee? Oui nest ce pas?
Ainsi que toute votre famille. Votre rhume
est-il disparu? Eh cette chasse aux Lapins,
Bon Sang, que jaurais voulu y être? Enfin,
Cher Ami, je suis content de vous connaitre
et cest pour moi une bien grande joie quand
jai le bonheur de vous lire. Aussi je vous promets detre bien courageux et de ne pas vous
oublier de si tot. Si ma Mère vivait encore,
comme elle serait heureuse.

J espere aussi que votre Frere et votre
Sœur vont venir faire un beau et bon voyage
en France et que tout se passera sans inci-
dents et qu ils pourront nous juger de tout
pres.

J ai vu hier un journal Francais et il nous
dit que votre gouvernement a pris des me-
sures energiques contre les Austro-Boches.
Monsieur Wilson a Raison et ces brigands la
ont de la veine que vous etes si loyal et si
bon.

Au Revoir, Cher Ami. Encore une fois
Merci. Je vous serre cordialement la main.

Maintenant vous savez que chez nous, cest de coutume que lon s embrasse le jour de l'An, en souhaitant les vœux de Bonne Annee. Eh, Bien Je vous embrasse d un grand cœur en vous souhaitant Bonne et Heureuse Année

Votre jeune Ami qui vous aime beaucoup

S. D.

A quand? le plaisir de vous lire. Mes meilleurs vœux et meilleurs souhaits. Ne voyez pas trop longtemps a me repondre surtout.

24 Decembre 1915 22 heures

Cher Ami

J'ai recu hier votre si bonne lettre datee du 2 courant et je m empresse de vous repondre tout de suite. Je vous dirais tout dabord que je suis bien desole car vous pensez bien que jaurais ete bien heureux de pouvoir me rendre a Paris comme vous m invitiez si aimablement passer la Christmas. Eh oui, jaurais bien voulu allez, mais pour comble de mal-

heur jetais designer pour venir aux tranchees. Et t il pas qu au lieu de prendre le
train rapide pour Paris je vais monter dans
les wagons a bestiaux, c est a dire lexpres de
J. à M. l. G. soit 12 kilometres pour venir dans
mon trou. Comme c est drole ce truc la. Mais
je m en console en pensant que j aurais le
plaisir de vous serrer la main n est ce pas
cher Ami, parce que je crois fort qu au printemps vous viendrez a nouveau nous rendre
visite. Certainement j aurais ete heureux de
faire connaissance avec votre frere et votre
sœur, mais j aime encore mieux faire la
votre.

Vous voulez savoir comment j ai manque
de claboter par leurs gaz axfexiants? Mais
c est bien simple. Je m en rappelle bien allez,
il etait 8 heures du matin une legere brise
venant de l est nous caressait doucement. Et
on ne pensait guere a ca. Voila que d un seul
coup on crie aux masques et aux creneaux.
Mais moi toujours farceur je croyais a une
blague mais pas du tout un gros nuage d une

drole de couleur s avancait droit sur nous
Je me decide a me bourrer ne nez et la bouche
et sauter aux creneaux et tirer comme un
sourd. Il faut croire que cela a fait de l effet
puisque ces salands la n ont pas venu.

Pour finir l histoire j ai ete malade quelque
temps apres, mais tres legerement, la preuve
cest que demain je serais a la meme place
que l autre jour et je les attends toujours.

Merci mille fois merci pour vos si jolis
journeaux, je les emmene aux tranches par-
cequil y a des belles images dessus et vous
savez mes copains m appellent l americain.

Au revoir cher Ami, je vous embrasse d un
grand cœur

Votre ami,

S. D.

Noel 25. 12=1915

Cher Ami

Je ne sais vraiment pas comment venir
vous remercier de vos si bonnes lettres, ainsi

que de vos bonnes photos. Comme je les trouve belles! Dabord a vous l honneur, avec 'Gouverneur'. Il est beau et rond comme une boule. Eh vous donc, droit comme un i. Vous m enthousiastez. Decidement vous me faites la pige. Savez-vous que je voudrais vous avoir comme officier, avec vous j irais dans le feu, sans me faire prier, Parceque vous savez vous y prendre.

Aussi je vous aime de tout mon cœur. Le paysage ou vous vous etes fait photographier ressemble beaucoup a celui ou je suis, malgre la distance enorme qui les separent. Les collines, cette plaine cette haie, me disent que tout est pareil chez vous.

Aujourdhui fete pour les civils, le temps est rudement mechant. Les nuages roulent tres bas, et le canon gronde toujours aussi méchamment. Comme cela me semble drole, car je pense a des choses bien plus belles. Les etoiles sallument timidement, c est la Releve, C est Noël, plus tot a voix basse, chacun prend sa place et leurs mechant 77 ne

parvient meme pas a nous rappeler a la rea-
lité, Car nous revons tous, tous a des choses
bien plus jolies.

Je reve a mon pays, a mon vieux clocher,
a Ma Mère a tout le monde, et je me demande
si le Bon Dieu m entends.

Pourquoi pas? mes pieds collent dans cette
boue blanche, qui donne l impression d un
mauvais cauchemar, tout le monde plaisante
et comment! On roule, on glisse, on chavire
et en ont rit. Les fusées nous donnent l as-
pects de ces figurants mal habillé. Silence
notre 75 est à la fete. Je ne sais pas apres qui
il est si en colere mais sa correction est
sevère.

Quand je pense qu a l heure ou je vous
ecrits je devrais etre pres de votre Frere a
Paris, j en suis navré. Mais que voulez vous,
Cher Ami, ce sera *pour vous Voir que j irais*.
Nous nous entendrons encore mieux et je me
sentirais *bien plus a l aise* avec vous parceque jaurais ete trop froussards a coté de tout
ce monde. Mais avec vous je ne crains rien.

Au revoir cher Ami, je commence a redouter la fin de la guerre car je sais que je vais vous perdre, mais soyez sur que vous avez eu un ami Francais plein de courage plein de vaillance et que pour vous il se serait fait tuer, car je ne peux pas oublier vos si bons encouragements. Merci, Cher Ami, Merci, je fais mon devoir gaiement courageusement, Merci pour vos belles photos. Je l ai lu a l oreille de Faisan et il m as remercier en me donnant le pied. Embrassez Hickory et Gouverneur pour moi. Je les aime presque autant que mon Faisan car je sais quils sont gentils.

Au Revoir Cher Parrain, je vais faire votre petit colis de souvenirs vous y trouverez toute mon amitie, tout mon courage, toute ma reconnaissance. Merci, Merci.

Confiance, Courage, Espoir, Malheur aux Boches.

S. D.

2 Janvier 1916=14 heures

Cher Parrain

Excusez-moi si je prends ce titre mais je ne peux pas m empecher voyez-vous, car vous etes, pour moi plus qu un ami. Savez-vous que vous me gater, vous et votre famille et que comme je vous disais 1 autre jour je redoute de plus en plus la fin de la guerre car je ne recevrais plus de vos si bonnes lettres. J ai recu hier matin un bien joli colis de la part de Melle votre Sœur. Comme cela m as fait plaisir si vous le saviez!

Comme vous le savez peu etre, je ne pourrais peut etre pas avoir ma permission. J ai demande a mon officier et il m as compris car il m as accompagné chez le commandant alors la on m as dit que c etait presque impossible vu qu on etait en 1e ligne et qu a l'occasion du jour de 1 an il pouvait avoir attaque, alors je suis partis tout contrit car je sais bien moi que je la mérite cette petite permission. Mais que voulez-vous c est la guerre et je pense qu il faut toute notre force, tout

notre courage, pour chasser ces Boches
maudits.

Oh, ils n ont rien dit hier, a peine si l on
se serait cru a 80 metres d eux. S ils n aurait
pas chanter leur «Deutch Uber Ales» et leur
«Wacht am Rhin», mais nous avons repondu
par une «Marseillaise» toute chaude et le
«Chant du Depart» si vibrant et ils se sont
tut. Vers les minuit alerte Savez-vous ce que
c etait eh bien, Un ou deux de ces singouins
la venaient faire «Kamarades». On les as fait
chanter et ont leur a verser une bonne bouteille de champagne, car ce jour la nous en
avons eu. A part ça, tout marche bien les
marmites sont bien sages puisque hier matin
a 8 heures du matin un 105 est venu s ab-
battre a mes pieds avec un fracas assourdissant sans eclater. Heureusement j en ai ete
quitte pour me decrotter, il m avait rempli
de boue mais je m estime heureux. Dailleurs
c est prouve au feu je suis reconnu comme le
plus veinard de l. escadron. Je n ai plus le
cafard, plus jamais, Cher Parrain, et je vous

promets que je suis toujours aussi brave et aussi courageux. J ai une mine epatante et je suis toujours en train de chanter ou de rigoler C est un peu grace a vous car vos lettres m encouragent on ne peux pas plus.

J ai recu vos deux colis de journeaux. Comme je les trouvent beaux et instructifs et le supplement de Noël avec ses si beaux articles. Le ruban bleu et rouge, les impressions d un officier de legere et ainsi de suite. C est vraiment chic.

Quant a vos souvenirs, je ne sais pas encore si je serais releve tot assez pour vous les portez ou les envoyez, mais soyez sans crainte je les ai pris pour vous et vous les aurez. Ca m embete de les envoyer, car j ai peur qu ils ne se perdent car ils sont trop beaux.

Pourriez-vous me dire si au printemps vous ne reviendrez pas en France. La au moins je pourrais avoir au moins 8 jours et j ai tant de choses a vous raconter eh puis j aurais ete si heureux de vous serrer la main et de vous voir car vous savez je pense bien souvent a vous. Votre bague est faite et le bouton qu il va y avoir dessus c est un bouton que j ai pris hier soir sur un prisonier. je crois que cela vous plaira n est-ce pas.

Je termine mon journal, Cher parrain en vous embrassant de tout cœur et en vous remerciant beaucoup beaucoup Je vous souhaite une bonne santee et esperons que 1917 verra la fin du regne de ce Kaiser sanguinaire cause de tant de miseres.

Au revoir, Bonne santee

Votre jeune ami

S. D.

7 Janvier=1916=14 heures

Cher Ami

Comme je suis content de vous donner de mes bonnes nouvelles et de venir causer un bout de temps avec vous. Dabord avez-vous commence 1916 comme il faut. Oui n est ce pas. De mon cote on ne peux pas mieux Cest le comble de la veine pour un poilu. J ai recu de Monsieur votre cousin de Votre Part un bon colis de tabac et du linge bien propre le jour du Reveillon. Vous lauriez fait expres vous nauriez pas mieux reussi. A minuit tapant presque j entends mon nom, vite je cours et apres avoir signe on m as remis ces si belles choses mais ce n etait pas tout a la nouvelle annee. Mademoiselle votre Sœur ne m as pas oublie j ai recu une belle chemise un joli cache-nez que je n oserais pas mettre tellement il est beau et puis encore autre chose que je vais garder bien jalousement.

Je ne vous cause plus des Boches ils n en valent plus la peine tellement ils deviennent betes et silencieux d ailleurs voila 19 jours que je suis ici et j en ai vu juste 2 et encore c est parcequ ils ont venu leur montrer

Je vous envoi ces petits souvenirs ils ne sont pas bien beaux mais je vous reserve mieux que ca quand vous reviendrez vous meme. Je viendrais alors a Paris et j aurais alors le double de permission et je n en aurais pas de trop pour tout vous raconter car j en ai beaucoup vu depuis 18 mois et c est tres amusant je vous assure.

Enfin Cher Parrain je suis toujours bien courageux et d une humeur tres gaie, trop gaie meme. Je chante au long d une journee «Its a long Tipperary».

Je crois bientot vous lire et surtout soyez toujours en bonne santee : Presentez s il vous plait tout mes respects a toute votre famille et conservez pour vous ma plus forte amitiee,

Votre jeune ami qui pense a vous

S. D.

19 Janvier 1916

Cher Ami

Comme je suis heureux de répondre à vos deux bonnes lettres d avant hier et comme elles me font plaisir. Surtout de vous savoir toujours en bonne santée. Je vais tacher de vous dire un mot sur ce que je fais, moi et Faisan. En ce moment je suis au repos dans un beau petit village, les gens sont tres aimables avec nous, et quoique etant tres rapproché du front ils ne sont pas fatigués davoir tant de troupe, car ils ont vu les Boches et ils savent ce quils caillent. Comme vous le savez déja je reviens des tranchees et je pense déja a y retourner; ce nest pas bien épatant en ce moment dans mon secteur. Rien absolument rien des marmites qui font toujours beaucoup plus de bruit que de mal et c est tout. Pas d attaque. Aussi on ne s en fais pas. Jai passé joyeusement Christmas et le nouvel an dans ma tranchée sans penser a mal.

Quant a mon cheval—lui non plus il ne s en fait pas, il est gros comme un porc et je me demande si cela ne va pas m'handicaper pour le grand jour. Mais j ai confiance en lui car il a déja fait ses épreuves.

Jai recu 3 bonnes lettres de Mademoiselle Votre Sœur et j en suis bien content jusqu a votre Cher Petit Neveu qui as pensé a moi. Vraiment cest trop beau Cher Ami.

Savez-vous aussi que l'on ne m'appelle

plus que l'Américain : Je ne m en plains pas mon Dieu non. Bien du contraire.

Enfin j'espère que vous etes toujours en bien bonne santée, vous et votre Maman et j espère aussi que Mlle votre Sœur aussi que votre Cher Frère ont fait une bonne traversée et qu ils auront fait un bon voyage en France.

Soyez bien certain Cher Ami que je pense bien souvent a vous et que j attends avec impatience le printemps pour venir vous apportez mes souvenirs à Paris et alors la nous ferons vraiment connaissance. Je vous remercie de tout cœur de prier pour moi. Moi aussi je prie pour vous et je crois que mes vœux seront écouté car la Sainte Vierge m aime bien. J en ai la certitude. Aussi en ce moment je suis en train d en sculpter une belle dans la craie que j irais porter sur le tombe d un de mes camarades tombé au champ d honneur.

Allons. Au Revoir Cher Parrain je vous quitte pour ce soir je m en vais dormer car tout en étant au repos on travaille plus qu au tranchées et je m en donne a cœur joie. Je viens de porter une demi boule et une carotte à Faisan et je lui ai dis ce que vous m avez écrits et je crois fort quil mas compris car lui aussi il etait bien content.

Recevez avec ma plus grande reconnaissance ma plus forte amitiée.

Votre jeune ami

S. D.

27 Janvier 1916

Cher Ami

Enfin me voila Cher Ami. Je parie que vous trouvez le temps long—C est que voyez-vous je navais rien de nouveau a vous apprendre. Je pense que vous avez recu ma lettre du 19 que jai adresse a Paris à Mlle Votre Sœur.

Vous ne saurez jamais croire avec quel plaisir que jai recu hier le si joli colis qu elle ma envoyé de Paris. Ce magnifique calendrier avec mon Faisan est bien trop beau et. le plus malheureux c est que je nai pas de chambre a coucher pour l accrocher. Eh ce rasoir c est lui qui me plait beaucoup, car il faut bien que je vous le dise, je suis coquet même aux tranchées et au lieu d aller trouver le barbier je me raserais quand bon il me sembleras.

Et toutes ces belles choses entre autre le jeu de cartes, les chaussettes Russes tout, tout cest merveilleux Je n aurais jamais cru a tant de belles choses et je ne me sens plus capable de vous en remercier vous et votre si aimable Sœur.

El les livres aussi? Les magazines ils sont vraiment épatantes. Mon Lieutenant me les as demander à lire et il en est estomaqué— Ecoutez-moi vous êtes vraiment trop chic et jamais jamais je ne pourrais me rattraper.

Aussi je pense que en vous envoyant un petit souvenir de temps en temps je vous ferais plaisir Je vous ai achecté ce matin le rendu compte de notre grande offensive dernier du mois de Septembre. Vous pourrez juger comme cela c est passer cest très bien fait et je pense qu il vous arriveras. Vous voyez que je pense a vous et le plus malheureux c est que jai beaucoup mieux et que je peux pas vous l envoyer.

Enfin jaime a croire que vous etes toujours en bonne santee vous et votre Chere Famille Votre Frere et Votre Sœur ont ils fait un bon retour? Oui je pense.

Je voudrais déja savoir comment cela c est passé.

En ce moment je suis au repos il fait un temps tres doux et je ne mennuie pas du tout car je suis trop heureux de vous ecrire et de recevoir tant de jolies choses.

Je pense vous lire bientot car je n ai pas de nouvelles de vous depuis le 29 decembre presque 1 mois et c est long—vous savez. J ai recu vos si jolis livres sans lettres et cela m étonne beaucoup, car je crois fort que votre chère lettre est perdu Je vous ai écrit pour la derniere fois le 19 Janvier ainsi qu à Mlle Votre Sœur L'avez vous recu? Dites moi si oui.

Allons Au Revoir Cher Parrain. Je vous
souhaite une bonne santee beaucoup de bonheur et vous savez moi aussi Je prie la Sainte
Vierge pour vous et toute votre famille alors
nous soyons quitte.

Recevez toute ma reconnaissance avec ma
plus grande tendresse.

Votre jeune ami qui pense a vous et que
vous remercie de tout cœur.

S. D.

Courage—Espoir et Malheur aux Boches
a bientot le plaisir de vous lire.

Je vous ecrirais demain ou après.

Suis toujours au repos plus pour longtemps aussi cela me rend joyeux a l idée
d aller voir ces monstres de Boches.

X 31 Janvier 1916

Mon tres Cher Ami

Si vous saviez comme je suis content de
lire vos bonnes nouvelles Je savais bien

qu avant de partir aux tranchées jaurais recu
une bonne lettre de vous et j en suis heureux
comme un roi Oui cher ami jai recu votre
superbe magazine de Scribners, et je n ai pas
ete longtemps à trouver votre nom en tête de
votre article que je suppose on ne peux pas
plus instructif.

Mais que diable ou avez-vous ete pour
prendre toutes ces jolies vues. Savez-vous
aussi que je comprend presque tout grace a
quelques bonnes leçons d un de mes amis qui
par malheur lui est blesse alors maintenant
je suis seul pour pouvoir lire mais tant bien
que mal j y arrive de mieux en mieux.

Cela m interesse enormément et encore une
fois je n aurais jamais cru que quand je
vous ai ecrit pour la premiere fois que j'ecri-
vais à un ecrivain comme vous car il me
semble que vous connaissez tout tout et jen
suis fier maintenant.

Je suis bien etonné que vous n ayez que du
mauvais temps chez-vous car ici il fait un
temps magnifique, nous roulons en bras de

chemise au grand air. Il fait un beau soleil et je voudrais pouvoir vous en envoyez un gros morceau pour sechez un peu vos si belles contrées. J espere bien que vous ferez comme vous dites et qu'aussitot le bon temps vous viendrez encore en France. Jaurais une longue permission en ce moment la et nous pourrons alors faire connaissance et je pourrais vous raconter ce que jai fait depuis le debut de la guerre.

Votre beau livre va allez retrouver votre si joli ouvrage (Notre Marine à travers les mers) que vous mavez envoyez au debut et vous saviez j y tiens comme a mes deux yeux.

Vous allez peut-etre etre etonne, mais jai recu une lettre de vous datée du 12 Janvier et puis encore une autre enveloppe avec la caricature des pirates barbares, mais celle la sans rien. Je me demande si des fois la lettre naurait pas ete enlevee car souvent avec les caricatures il y a une lettre.

Vos photos dans les ravins de Woodstock sont tres frappantes et je vois que vous vous

y connaissez en paysage et les Montagnes
Vertes. Vu d en haut c est merveilleux et je
vous envie d etre si malin que ca.

Nous sommes le 31 aujourd hui et je pense
que Mlle Votre Sœur va rentrer à New York.
J espere qu elle auras fait un si bon retour
que pour l aller et quelle est satisfaite de son
voyage Vous me direz si elle a recu ma derniere lettre avec celle pour vous que etait
dedans.

Allons Au Revoir Cher Ami je vous souhaite une bonne santée, beaucoup de bonheur a vous et a toute votre famille Eh oui
vous aurez votre maison dans la campagne
cest moi que vous le dis.

De mon cote je suis toujours plein de santee plein de vigeur et toujours pret moi et
mon Cher Faisan a partir quand on nous le
diras. Comment voulez-vous quil en soit
autrement puisque je recois de si bonnes
nouvelles de vous Soyez sur que je ferais
mon devoir et que je ne faillerais jamais devant les Boches.

Au Revoir mon Cher Ami Bonne Santee
a tous et merci merci pour toute votre bontee.
Recevez ma plus grande reconnaissance.
Votre jeune ami qui pense a vous.

S. D.

Courage—Espoir et malheur aux Boches.
Bonjour a Hickory! Avez-vous recu mon journal?

Le papier a lettre de votre Sœur m est bien utile—vous voyez. Remerciez la de son si jolie colis qu elle ma envoye.

p.s.—Je viens de recevoir un beau colis de Monsieur F. de votre part. Il a toujours le meme. chic: Savoi, tabac, belle pipe, de tout, de tout, c est vraiment trop et jamais jamais je ne pourrais me rattraper vis a vis de vous. Enfin. Je suis un garcon heureux et c est vous qui en êtes la cause.

Il fait un temps affreux—il fait froid mais avec ce que vous mavez envoyé jattends le general hiver et j espère que tout cela me ser-

viront encore l année prochaine—Que voulez-
vous cest long. Mais on en finiras la Victoire
est a nous.

Presentez tout mes jolies grands respects a
toute votre famille et ne manquez pas de dire
a Madame Votre Mere que je pense souvent
a elle et a vous tous, car vous etes trop bon
pour moi cest vraiment trop.

Au Revoir Cher Ami. Je vous envoie toute
ma reconnaissance avec tout mes plus
grands respects.

S. D.

5 Fevrier 1916

Cher Parrain

C est de mon trou que je viens vous donner
quelque peu de mes nouvelles En ce moment
je suis en 1e ligne et tout se passe bien. Les
Boches se tienne tranquille et on n entend
que le Boum des marmites mais ils peuvent
toujours tirer ils n ont rien a faire Je fume
une bonne pipe et je ne me crois surement
pas si pres que ca de ces vilains moineaux.

Les nuits ne sont pas trop chaude et il commence a pleuvoir mais avec tout ce que j ai
recu de vous je n ai pas froid du tout, les
chaussettes les gants me viennent bien a
point et le cachenez de votre Sœur me preser-
vent rudement et pourrez meme lui dire que
les petites pastilles qu elle m as envoyé mont
bien fait plaisir car c est surtout de la soif
qu on est pris Enfin j espere que ma lettre
vous trouveras en bonne santee ainsi que
toute votre famille Avez-vous du beau temps
vous, oui je pense

Si vous nous voyez vous serez bien etonne
tellement on est bien installé c est du luxe
presque et je crois fort que les Boches ne sont
pas comme nous

Je ne peux pas vous dire comment car ma
lettre ne vous arriverait pas mais sachez
qu on est bien et que l on ne sennuie pas du
tout car nous sommes une bande de gai
lurons, nous sommes ici une dizaine et l on
samuse bien

Je me depeche cher ami car il faut que

j aille prendre ma faction et je tiens a faire attention.

Au Revoir Cher Ami je vous envoie toute ma reconnaissance avec ma plus profonde amitiée et a quand? le plaisir de vous rencontrer Au Revoir

Bonne santee a tous

Votre jeune ami

S. D.

Je vous ecrirais qu and jaurais fini mon séjour ici

12 Fevrier 1916=11 heures

Cher Ami

C est pendant un bombardement inoui que je vous ecrits ces lignes. Je ne sais pas ce que les Boches ont vu ce matin mais il me semble qu ils sont completement fous. Depuis 8 heures on n y entend plus rien les 77, les 105 et autres font rage. Quest ce que cela veux dire je me le demande.

En tout cas si ils s amusent a venir ils nous

trouveront a notre poste et je vous assure qu ils seront reçu.

Il fait un temps abominable. Il pleut depuis 4 jours et il se fait que nous avons de l eau presqu au cheville. Qu importe nous ne bougerons pas d un pouce nous avons juré.

J ai recu votre bonne lettre du 17 Janvier comme vous etes bon pour moi et pour mes camarades. Oui cest cela envoyez nous quelques choses cela nous feras plaisir car nous sommes une bonne petite escouade mais malheureusement tous des pays envahis. Nous vous ferons une bonne lettre aussitot que cela sera arrivée. Figurez vous que j entends un de mes amis qui cri qu il y a une grosse marmite qui n est pas eclater a la porte de notre abri, je vais aller la voir.

Sapristi qu elle belle piece. Heureusement quelle as oublie d éclater sans cela il y aurait eu de la casse tout a l heure j irais voir si il n y a pas moyen de l emporter et si oui je l enlevrais pour vous faire un presse-papier. Il ne pese qu une 20taine de kilog.

Je crois qu ils se calment car nos artilleurs ont riposter sevèrement et ils la ferme maintenant.

J ai recu aussi votre courrier des États Unis comme je suis heureux moi et mes camarades de le lire. Quels beaux contes il contient tel que le Dahlia Noir, le poilu tel qu il cause l'an 3000, tout ces articles sont ravissants.

Il faut que je vous dise aussi que j habite maintenant la Villa des Gaspards, (Gaspard veut dire rats) oh si il y en as c est affreux, et ils sont gros vous savez mais quand on chopi un, on fait comme aux Boches on leur "coupe les oreilles". Enfin je suis malgre tout tres content surtout quand je recois vos bonnes nouvelles aussi je vous en remercie de tout cœur. Vivement l été pour que vous veniez en France j ai tant de choses a vous raconter. Quel dommage que vous ne soyez pas ici cinq minutes seulement allons au Revoir Cher Ami, j espère que ma lettre vous trouveras toujours en bonne santee ainsi que toute votre famille.

Remerciez bien Melle Votre Sœur car son chocolat et son passé montagne me sont bien utile aussi je pense souvant a vous.

Recevez Cher Parrain ma plus grande amitiée avec mon entiere reconnaissance.

Bonne chance et au Revoir.

Votre Ami

S. D.

21=Fevrier 1916.

Cher Ami

C est toujours avec un bien grand plaisir que je viens vous donner de mes bonnes nouvelles. Mon séjour aux tranches fut assez bon. Nous avons eu du bien vilain temps ce fut dabord la pluie puis la neige, et ensuite le froid. Mais tout cela est passé et je n y pense déja plus.

Dailleurs je suis déja averti que j y retourne d'ici 3 jours. Le repos est tres court, mais puisquil faut. Allons y et de bon cœur. Cest le mieux que jai a faire.

Je comptais vous lire aujourd hui mais je nai rien recu. Quel dommage! Si vous saviez comme je suis heureux quand je recois de vos bonnes nouvelles.

J ai recu vos jolies cartes de Vera Cruz. Elles sont bien belles et tout cela va me faire de bien beaux souvenirs. Je recois aussi tres regulierement le Courrier des États Unis. Aussi nous en sommes bien content car il y a de bien jolies articles dessus.

Aujourd hui il fait beau temps ce matin jai sorti mon Faisan mais il est tres gai aussi. J ai galopé sous bois. Nous etions bien content. Il y avait longtemps que nous en avions fait autant.

Eh vous maintenant etes vous? toujours en bonne santee Oui n est ce pas et Mademoiselle Votre Sœur. Est elle satisfaite de son voyage en France, Et cela cest il bien termine?

J attends une de vos lettres pour me renseigner sur ces petites choses. On m as offert ma permission mais le chien dent c est que je ne sais plus ou aller. Mais je prends patience pour quand vous viendrez en France. Alors la je pourrais vous raconter mille petites choses qui vous amuseront bien.

Alors tout va bien dans 3 jours j irais de nouveau faire la chassaux Boches et je tacherais de passer a travers des marmites car ou je vais il en tombe je vous assure.

Hier j ai été à la messe dans une belle petite eglise c est un pretre soldat qui l as dite. Si vous saviez comme cetait beau comme jaurais voulu que vous soyez la pour voir tout cela.

Eh bien au Revoir Cher Ami. Jespere que ma lettre vous trouvera en bonne santee : vous et votre famille et Recevez je vous prie ma plus grande reconnaissance avec toute mon amities. Votre jeune ami

S. D.

Avez-vous recu mon journal?

Je vous écrirais prochainement une fois que je serais arrivé a la Villa Gaspard.

Eh Hickory? est il toujours bien sage?

29 Fevrier=1916

Cher Ami

J ai recu votre bonne lettre du 7 Fevrier que m as fait bien plaisir surtout de savoir Votre Frere et votre Sœur arrivé a bon port. Jai vu quils ont fait une mauvaise traversée.

J ai sous les yeux le compte rendu du courrier des États Unis et je vois que c est honteux au 20ᵉ siecle se battre en ce genre Oh! comme je regrette notre belle guere en rase campagne sabre au poing sur ces Boches maudits. Oui je n attends que ca moi et mon Faisan bien aimé Nous sommes tout à la Patrie.

Je vois que le Chicago a arrivé 2 jours en retard apres avoir failli heurter une mine et je glorifie le timonier pour sa sagesse. Enfin c est tempète nont pas ete trop mechant puisque qu ils sont rentrer sain et sauf. Jen suis bien content. Maintenant les Boches sont en train d attaquer.—Laissons les faire. Surement il y a de la casse mais je suis sur que les Brandebourgeois se rappelleront de

Douaumont. Je connais lendroit et le fort j y ai passer mes 2 ans de service je juge que cest imprenable. Figurez-vous que cet un œuf dans un bouteille. Il faut tout casser, eh Dame c est pas facile. Enfin je regrette ne pas etre un peu plus pres jaurais pu alors augmenter votre collection de si beaux souvenirs que j ai pour vous.

Je rumine quelque chose a ce sujet mais quelque chose qui vous feras plaisir et alors vous en serez fier aussi car ce sera la preuve de mon amitié pour vous. En tout cas je vous attends pour Juin tout seras pret et jai peur que cela soit trop dur a porte.

Il est 10 heures du soir et jai bien sommeil mais ce qui me console cest que je vais pouvoire relire vos chere lettrs. Je les conserve toute et je les aime tous la meme chose. Si vous me voyez quand je recois une de vos lettres, comme je suis heureux.

Presentez bien tout mon plus grand respects a Madame Votre Mère et a Mademoiselle votre Sœur ainsi que votre Frere. Je pense a eu souvent aussi mais cest vous la cause de tout mon bonheur. Aussi je vous en remercie d un grand cœur et soyez sur que je ferais mon devoir et que me battrais jusqua la Mort. J en reponds avec l aide de Dieu et vos bons souvenirs je supporterais mille peines.

Bonsoir Cher Ami, Bonne nuit le canon tonne affreusement. Il nous demande. Demain nous y serrons.

Bonsoir Cher Parrain, sachez que si je tombe ce sera vous que je penserais.

Jattends ma montre comme je suis content. Rien ne me ferais plus plaisir.

Ecrivez moi s il vous plait car je voudrais etre plus vieux. (Je nai pas encore recu le colis escouade.

5 Mars 1916

Cher Ami

Je suis vraiment heureux de vous donner de mes bonnes nouvelles, car en ce moment c est assez mouvementé. Comme vous le savez

deja les Boches nous attaquent serieusement.
Mais je suis bien certain que nous serons fort
assez pour les tenir. Surtout n allez pas
croire que nous ne sommes pas aussi fort
qu eux. Si ils sont braves nous aussi, et nous
sommes toujours prêts a en faire autant. Que
voulez-vous leur legere avance leur as couté
bien cher, car Douaumont etait trop bien for-
tifié déja de mon temps que j ai passe a Verdun. Nous autres nous prenons cela du bon
cote et ne fais que de nous encore rager, car
nous savons que nous aurons la Victoire.

J ai recu vos deux envois de si bons journaux. Comme ils sont jolis. Est ce que par
hazard les fetes a Yama Yama Farms que j y
vu dessus ne serait pas l endroit on vous etiez
voila quelque temps C est vraiment chic tout
cela eh puis il y a de bien belles femmes la
dessus. Tout cela nous amuse enormement et
nous passons nos loisirs a discuter mille
petites choses la dessus que vous ferait bien
rigoler.

Je n ai pas encore recu la montre de votre

Maman ni le colis de 1 escouadé, mais j espère que cela ne tardera plus. Aujourd hui
dimanche il fait tres froid, mais cela nous
fait rien. Je ne vous dis pas ce que fait en ce
moment, mais sachez tout de même que nous
sommes toujours plein de courage et de dé-
vouement.

Je nai pas encore eu le temps de lire a fond
vos beaux journaux, mais je les trouve remarquable. Il y a de bien belles choses.

Enfin Cher Ami je vous remercie d'un
grand cœur de toutes vos bonnes pensées et
surtout soyez certain que les Boches ont payé
bien cher leur attaque.

Presentez je vous prie mes plus grands respects a Votre Chere Maman aussi que Mademoiselle Votre Sœur et votre Cher Frere et
gardez pour vous nous entiere reconnaissance, ainsi que ma plus profonde amitiée et
soyez sur que vos bonnes lettres me donne
tout le courage voulu pour faire face aux
Boches maudits.

Au Revoir, Mon Cher Parrain de Guerre,

je vous souhaite une bonne santée à tous et vous pouvez comptez sur moi je ferais mon devoir de bon Francais.

Au Revoir Au Revoir et à bientot le bonheur de vous lire.

S. D.

13 Mars 1916

Cher Ami

Voila déja longtemps que je n ai recu aucune nouvelle de vous aussi je m ennuie passablement.

Naturellement je pense que vous etes toujours en parfaite santee ainsi que votre Chere Famille. Je suis sur que vous suivez régulierement la grande bataille de Verdun. Je ne sais pas comment sont les communiqués Boches mais tout ce que je suis certain c est qu ils ont échoué piteusement devant notre courage et notre volontée. Oh oui eux aussi son bien courageux mais en masse, mais nous nous sommes aussi fort seul que cent.

A mon grand regret je nai pas pris part a cette si belle fete mais la plus belle part du gateau nous ai reserve on nous la promise.

Ce sera nous qui en ce moment nous ne faisons presque rien qui aurons l honneur de sabrer dans le tas alors la je serais vraiment heureux.

Naturellement tout cela est pour plus tard et j espere bien faire votre connaissance bien avant et vous remettre mes petits souvenirs que j aime tant. Au moins vous vous en comprendrez la valeur, car ils sont vraiment beaux, tout ces petits objets Boches que jai ramassé si sagement pour vous. Vous en serez content j en suis sur

Aujourdhui il fait assez beau. Nous avons eu du bien vilain temps et nous avons souffert du froid mais qu importe puisque que nous avons promis d etre courageux.

Au Revoir mon Cher Parrain de Bataille je vous souhaite beaucoup de chance beaucoup de bonheur et la realisation de tout vos réves.

De mon cote jespere vous lire bientot. Je

n ai pas encore recu votre colis d escouade ni la montre tant desirée de votre Chere Maman.

Aussi je n attends meme pas son arrivee pour lui ecrire de nouveau et lui envoye une jolie jolie bague porte bonheur que jai fait moi meme. Vous lui direz vous n est ce pas que jai ete bien heureux de lire sa bonne lettre et le serais encore plus quand je recevrais son bon souvenir.

Au Revoir Au Revoir.

Recevez Cher Ami ma plus grande reconnaissance.

S. D.

Faisan est toujours bien sage et toujours bien gras. Bonjour a Hickory.

13 Mars 1916

Cher Ami

Cest par un soleil printanier que je vous ecrit. Il fait bien bon et bien beau les alouettes montent tres hautes et cela fait que je suis heureux comme un roi. Eh, puis hier jai recu vos jolis cartes accompagnées des enveloppes timbrées. Mais sans lettres, et cela mennuie, car je ne peux pas croire que vous n avez pas mis une petite lettre avec Enfin les cartes postales sont epatantes celle que j aime la mieux je ne sais pas. Elles sont tous aussi belles mais celle sur laquelle vous avez ecrit est la plus frappante d actualité Je me figure que ces deux groupes de joueurs quils ont lair de s enprendre a l arbitre; Lun avec une matraque et lautre avec son reglement ressemble un peu un Boche et aux Francais vis a vis de M. Wilson. L'un le Boche avec sa matraque (voyez sous-marins) dis qu il a gagné. Lautre le Francais avec ses reglements en main a l air de dire je suis en droit. Alors de la proviens la mine de l'arbiter. C'est un drole de comparaison mais elle est juste. Le "Rendering Honors" est merveilleux, les autres aussi. Bravo, Cher Parrain vous etes merveilleux dans ces trucs la.

Jai profité dernierement d un moment de

loisers pour regarder pour la centième fois
vos si belles cartes—photo representant les
cuirassés Americains comme ils sont jolies
Eh que de grosses pieces ils possedent. Bon
sang, que les 305 du Delaware ferait du bon
boulot a Douaumont et a Vaux.

Ah autre chose j envois aujourd hui 13
Mars une bague a votre Maman, celle la est
jolie. Vous m en direz des nouvelles Elle est
faite rien qu avec de l obus Boches, jusqu au
trefle à 4 feuilles ce n est pas moi qui a fait la
bague mais le trèfle c est moi qui l ai façonné,
J espere quelle porteras bonheur a la personne qui la porteras. Je vous en mets un
pour vous, celle avec le fameux bouton
Boches. Vous me direz si elle vous plait.

Joubliais de vous dire que je n ai pas encore recu la montre tant desirée ni le colis
d escouade. J en suis navré et mes copains
aussi, mais patience peut etre que waguemestre va nous l apporter à midi en guise de
dessert.

Je suis toujours tres gai plein de courage

et despoir et soyez sur que nous nous desolons pas.

Au Revoir Cher Parrain.

Je vous souhaite mille bonnes choses et recevez de meme avec mes plus grands respects mon entier reconnaissance.

S. D.

Presentez tous mes respects a Votre Chere Maman ainsi qu'a Mademoiselle Votre Sœur et a votre Frere Jean et dites leur que le jeu de cartes me porte souvent bonheur je gagne toujours avec aussi je ne joue plus que pour des cailloux.

Au Revoir Au Revoir

S. D.

Bien des choses a Hickory.

19 Mars=14 heures 1916

Cher ami

Il faut dabord que vous m excusiez de vous ecrire avec ce crayon car je n ai rien que ca

pour le moment et j en suis tres heureux
quand meme je vous assure jai recu vos
bonnes lettres du 20 fevrier et 4 jours apres
celle du 3 mars, comme j en suis content. Si
vous le saviez-seulemen Causons un peu de
chez vous Voulez-vous Il me semble que cest
bien joli à Woodstock C est l été et l hiver et
je ne doute pas une seconde que ces endroits
sont merveilleux et je serais bien heureux de
voir toutes ces si jolies choses.

Avec votre bonne lettre du 3 mars jai eu le
plaisir de lire cette de Madame J. B. C. Elle
est vraiment bonne et si javais su je ne les
aurais pas envoyés car ces petits bagues
netait pas si jolies que ca il me semble. En
tout cas remerciez la bien pour moi car vous
le saviez, jaime bien lire surtout tout ce quil
viens de chez vous. Si j avais recu la lettre
plus tot jaurais mis une bague pour elle pour
la remercier de son paquet que je ne suis pas
prêt a recevoir

Oui, cher Parrain, tout vos beaux journaux litteraires m instruisent beaucoup mais pas au point de pouvoir causer en veritable Yankee, oh non. Il me faudra encore quelques leçons. Je sais lire, mais pas causer.

Dailleurs vous pourrez en juger quand vous viendrez en France. Pour ma permission je ne peux rien vous dire au juste puisque cest sales Boches, nous ennuie comme ça mais je peux esperer pour fin Juin ou commencement de Juillet. De ci là nous pourrons encore nous ecrire je pense.

Mais j oubliais totalement de vous causer des Boches. Ils sont desesperant ces gens la. Je me sens comme les vieux Gaulois cet après midi et je voudrais en voir sortir pour les recevoir mais pas d embarras je parie dy aller voir il ny a personne dans leur trou oh les singouins.

Votre bague ainsi que cette de votre Cher Maman est partie voila quelques jours j espère quils feront bonne route...

Vous demanderez a Mlle Votre Sœur si elle

en desire une jolie Je regarde cette si jolie photo que vous avez eu la bonté de signer comme je la trouve joli aussi.

Votre neige est plus belle que la notre vous savez et quand nous voyons ce temps la on dis que cest le Bon Dieu qui as changer les draps de lit.

Je nai pas encore recu ni la montre ni le colis descouade.

Je ne perds pas patience oh non loin de la, mais j en reve toute les nuits. Je reve que cest une montre tres drole ou que je lai perdu ou que me l as volé alors je n en dors plus et cela mennuie beaucoup car les moments de repos sont court en ce moment mais j espère toujours. Elle sera reçue allez cette brave montre elle sera mon amie car jaime bien savoir l heure et je lai deja baptisé d un joli petit nom.

Nayez pas peur pour moi. Les marmots Boches je m en moque comme de ma premiere liquette. Je continue a passer a travers

et je pense qu avec laide du Bon Dieu j en
sortirais vivant et sauf.

Au revoir Cher Parrain. Je vous remercie
de tout cœur de vos bonnes nouvelles et à
bientot le plaisir de vous serrer la main.

Bonne chance aussi et au revoir a tous.
Dites a vos amis que les Boches sont perdus.

S. D.

Je vous ai encore trouve une belle fusée
d obus hier soir.

26 Mars 1916

Cher Ami

Cest toujours avec grand plaisir que je
viens vous donner de mes nouvelles.

Il fait bien vilain temps et le printemps qui
avait fait son apparition ces jours derniers
n'a rien trouver de mieux que de s embus-
quer pour faire place a lhiver.

En ce moment je mennuie passablement et comme je vous l ai deja dis j aime beaucoup mieux etre aux tranchées qu au repos.

Je suis certain que les evenements qui se deroulent autour de Verdun doivent vous interesser enormement.

Je ne sais comment vous apprenez les nouvelles mais vous pourrez etre sur qu ils ont recu une rude frottée, en attendant le final.

Je crois cher Parrain que quand vous me verrez je ne serais plus hussard mais chasseur a Pied et cycliste car je pense que lon ne travaille pas assez a cheval.

Jaurais bien mal au cœur de quitter mon brave Faisan que jaimais plus que moi. Mais il le faut. Dites, Oui il faut absolument quon des chasse ces bandits, alors la nous aurons vraiment merité de la Patrie.

Dautant plus que jai toujours un vieux compte a regler avec eux et je veux en finir.

Oui je serais (Diable Bleu) moi aussi.

Eh puis ne faut il pas remplacer les braves qui sont tombés, au bois des Caures.

Allons au Revoir Cher Parrain, je vous souhaite comme toujours une bonne santee et tout le bonheur possible et soyez sur que si nous n avons pas la chance de nous voir que vous aurez eu un vrai ami.

Presentez mes plus grands respects a tout votre chere Famille et particulierement a votre Cher Maman Je desespère apres sa montre tant desirée ainsi qu apres le colis descouade que je nai pas encore recu.

Vous me direz si vous vous avez recu mes deux bagues que j'ai envoyé le 13 Mars.

Encore une fois au Revoir.

Votre jeune ami qui vous serre la main de grand cœur.

S. D.

Le bonjour de Faisan à Hickory et a tout ses copains.

Au Revoir

Courage, Espoir et Malheur aux Boches.

Je recois toujours des nouvelles de Monsieur F. ainsi que les colis.

28 Mars 1916

Cher Ami

Ne vous etonnez pas si je vous ecrite si souvent c est que voyez-vous il faut que je vous dise ce que je pense.

Dabord mille fois merci pour la photo si jolie de votre escouade. Comme je la trouve bien et comme vous avez un beau cheval. Vous avez oublie de me dire sur votre lettre que vous etiez le 2e du rang de face. Vous etes tres tres bien, c est dommage que votre cheval lève la tete. Votre costume est joli aussi mais il ressemble trop a celui des Hussards de la mort Boches. J ai recu aujourd hui une lettre de Monsieur F. et c est justement ce qui me désole, il me dit que nous allons avoir de la peine a correspondre a deux. Mais pourquoi? Je me le demande. Ils sont fous pas possible si ils trouvent que ce n est pas suffisant de donner sa peau qu ils me le disent, car je suppose qu ils n auront jamais le culot de nous empecher de nous ecrire et d etre amis. Et de plus je vous dirais aussi de ne plus rien

m envoyer car la montre tant desirée de votre
Maman ne viendras jamais, ainsi que le colis
d escouade et celui de votre si gentille Madame Américaine. Non on me les as chipper
mais qu ils se mefie car je pourrais bien aller
leurs tirer les oreilles quand j irais en permission a ces singouins. Eh jen serais content au moins ils verrait a qu il y ont affaire.

Enfin je suis fou de colere cela m arrive
rarement, mais ca me casse les bras. C est
bien ca la recompense que l on donne aux
vrais Francais. Parce que vous m ecriviez
une bonne lettre tout les 8 jours ils ont tout
jaloux mais Ecoutez bien ce que je vous dis.
Si cela arrive je n'en fous plus un coup et
dans 15 jours je suis evacué je vous le jure.
Pourtant depuis bientot quatre ans que je suis
au regiment je n ai jamais ete puni ni malade, mais cette fois j y serais j en suis certain.

Avez-vous recu mes bagues du 13 Mars??
Enfin cher ami je pense que vous etes tou-

jours en bonne santee ainsi que votre si Chere Famille.

Vous pouvez venir quand il vous plairas je me compte assez bien avec mes officiers pour obtenir ma permission a temps alors la je vous raconterais un peu ce que jai fais de beau.

Au Revoir Cher Parrain.

Recevez de votre jeune ami sa plus grande reconnaissance avec son amitiee inoubliable.

S. D.

Je vous souhaite la bonne Fete puisque cest bientot la St Robert.

Un bon sac-hend.

Bien le Bonjour a toute votre Chere Famille et surtout a votre Maman et votre Sœur.

J ai recu aujourd hui un beau colis de votre cousin c est chic a Bientot le plaisir de vous voir.

Quant a ces Mexicains. Fichez-leur une bonne tripotee, ils le mérite.

Ne menvoyez plus rien Cher Parrain
puisque que rien n arrive.

3 Avril 1916

Cher Ami

Comme toujours, je suis tres heureux de
repondre à vos bonnes lettres. J ai recu hier
celle du 16 Mars, accompagné de vos si beaux
journaux et des merveilleuse vues de New
York. Comme cest jolie tout cela, c est tout
juste si je peux croire que cest bien vrai
qu on as pu faire des maisons aussi hautes
que vos Building c est épatant et ces tram-
ways? qui roulent au dessus de vos trottoirs
cest vraiment superbe. J ai montré tout cela a
mes camarades et je vous assure que cela
nous as encore bien fait causer et on est
obligé d avouer que les Americains sont vraiment epatants. Et la Fifth avenue je lai encore reconnu le premier decidement tout ce
monde qui fourmille ressemble a je ne sais
quoi de bizarre.

Enfin je pense que vous ne devez pas vous

ennuyer dans une si belle ville. Ces grattes
ciel sont vraiment imposant. Pristi comme
on serait heureux si on pouvait voir toutes
ces belles choses.

Ici il fait un temps comme jamais je n en
ai vu. Il fait bien beau et déja trop chaud. La
campagne est toute verte et les arbres sont en
fleurs comme cest beau, et comme on est
heureux de vivre meme par ces temps dou-
loureux.

Maintenant il faut que vous m excusiez au
pres de M votre Frère davoir comparer son
nom a celui de ces betes qui nous ennuie
temps Mais je ne savais pas Eh puis ce nest
pas moi qui est inverté cela.

Vous me surprenez en me disant que mon
colis d escouade est à Paris d autant plus que
je ne lai pas encore recu pas plus que les
autres. Vous pouvez commencer a reclamer
si vous le voulez car je n y compte plus. Pensez donc depuis bientot 2 mois que cest partie
Je crois plus-tot que cest ces chiens de Boches
qui me 1 ont torpillé. Eh les bagues que jai

envoye pour votre Maman sont elle arrivé
J aime a croire que oui.

Enfin Cher Ami sachez que je suis toujours en bonne santee et plein de courage et
que je pense bien souvent a vous.

Recevez s il vous plait cher Parrain toute
ma reconnaissance avec ma plus profonde
amitiée.　　　　Votre ami

S. D.

Quand vous lirez ces mots je serais a l honneur.

Pour ma permission je ne peux encore rien
vous dire au juste.

Souhaitez bien le bonjour a toutes votre
Chere Famille et toutes mes excuses a votre
Frere.

Au Revoir.

6 Avril=1916

Cher Ami

Je suis vraiment heureux de venir vous
dire que le colis d escouade est arrivé ce matin *en très bon etat* Je ne vous decrit pas le

plaisir que cela nous as fait, mais sachez quand meme que nous avons pousse un joyeux Bravo en votre honneur.

Nous n y comptions plus, mais c est encore une bonne preuve que l on de doit jamais desesperer. J ai recu aussi le courrier des États Unis et comme toujours il nous as bien distrait avec ses beaux contes. Surtout celui intitulé, (Un Boche) Cest tout as fait ca et nous en avons bien rigoler.

De mon coté tout marche bien. On ne cause plus des permissions et je me demande bien si jaurais le bonheur de vous voir a votre prochain arrive. Je compte que oui car dès maintenant je vais commencer a me preparer. Eh puis ce serait vraiment dommage— Jai tant de belles choses a vous raconter et vos souvenirs que je vous ai promis que je garde si precieusement depuis présque un an et que je nai pu envoyer plus tot. Vous verrez comme ils sont beaux ce qu il y aura de mieux cest que nous nous connaisserons ce coup la.

Je ne sais pas dans quelle circonstance que nous nous rencontrerons, mais je suis presque sur de vous reconnaitre du premier coup et j espere que ce plaisir la ne me seras pas refuser.

Depuis quelques jours il ne fait plus si chaud le temps'est couvert et sombre, mais on s en moque on passe son temps a sifler et a faire des farces les uns aux autres. Nous sommes commes de vrais gamins, c est honteux a 25 ans. Enfin cela fait que je nai plus le cafard, car je vous assure que je suis toujours de bonne humeur et tres gaie.

J espere que ma lettre vous trouveras en bonne santée, Vous et votre Chere Famille et que tout marche bien aussi chez vous.

J espere bien que vous navez pas eu besoin de partir combattre contre ces insurger de Mexicains apres tout ils n en vallent pas la peine que vous vous derangier. Eh puis il y en a des plus jeunes que vous. Vous etes un (ancien) vous.

Allons Cher Parrain, au Revoir. Je vous

souhaite bonne santee et autant de gaietée que moi, et à bientot le plaisir de vous serrer la main.

Votre devoué petit Francais

S. D.

Bien le bonjour a Votre Maman.

P.S.—Avez vous recu les bagues du 1e Mars?

Ma demande na pas ete accepter pour partir aux chasseurs.

Le Bonjour de Faisan et de tout l escouade.

Dimanche des Rameaux=8 heures matin

Cher Ami

Je suis tres content de venir causer un moment avec vous. Dabord il fait un temps superbe autant ces lieux etait triste et luguebre—voila un mois—autant c est joli aujourdhui. Les sapins qui etait noir et parfois tout blanc par la neige sont du plus beau vert, les pinsons ont relever les corbeaux et tout est changé. Comme c est drole la nature.

Les Boches sont toujours bien sages c est
juste si on les sait la en haut Les avions sont
reveiller de bon matin et nous avons souvent
la joie d en voir degringoler un tout en feu.
Il faudra quand vous viendrez que vous
voyez tout cela c est admirable et je ne me
suis jamais vu si heureux qu ici c est a ne
pas le croire. Nous chantons du matin au soir
sans aucun souci et on ne sen fais pas. Mais
sapristi j oubliais de vous dire que jai recu
ma chere montre par miracle! Si vous saviez
comme elle mas arrive vous en ririez en bon
coup. Jamais on n as vu ca nul part. Ce qu il
y a de mieux c est qu elle marche dune regu-
laritee incroyable Mais elle a un tic tac trop
fort et elle empeche 1 escouade de dormir et
quand je sors de la tranches les Boches 1 en-
tende et je suis reperer tout de suite. Nous
avons bien ri.

Au moment ou je vous ecrit, les Boches
sont tres occupe a tirer sur un de nos avions
les 77 eclatent tour autour de lui. Mais ils ont
du retard meme avec leurs mitrailleuses. Ils

s en fiche l aviateur car il na pas lair de se presser il est a l affut des Fokkers. Allons au revoir Cher Parrain, venez vite pour voir tout cela. Je vous quitte en vous envoyant ma plus profonde amitiee et toute ma reconnaissance. Voila 15 jours que je suis sans nouvelle de vous

On les auras !

S. D.

21 Avril=1916

Cher Parrain

Suis toujours tres heureux de venir vous donner de mes bonnes nouvelles. Aujourd hui dimanche il fait bien joli temps. D ou je vous ecrits ces un petit village entierement demoli nous vivons dans les caves, et ma foi on y est bien. Figurez vous que nous faisons concerts. On chante et moi meme je nai pu me dérolier car tout le monde dis son couplet.

Si nous vous voyez vous seriez content tout le monde est très gai et pourtant nous sommes prevenu que cette nuit ou demain il faudra en decoudre, tant mieux il y a long-temps assez que l on vegete et je me sens tres en forme pour en ecorcher quelqu uns. Peut etre que tout ira mais nous sommes sur de nous et toujours plein de courage. Les aeros vole du matin au soir je ne les ai jamais vu si actifs. Les gretchen-saucisses nous voient bien par ce temps claire mais on s en moque.

Enfin venez vite Cher Ami j attends apres vous; ma permission m attend le capitaine me l a presque promise a votre arrivee. Soyez certain que serais bien courageux en cas d at-taque et que je saurais encore leurs sauteur sur le dos avant quil ne m est vu arriver.

Au Revoir Cher Parrain. Je vous quitte en vous envoyant toute mon amitiée avec ma plus grand reconnaissance et soyez bien cer-tain que si il marrive quelque choses je serais heureux car il faut qu on les chasse.

On les auras.

J ai recu vos beaux journaux que je lirais dans quelques jours.

Embrassez bien votre Maman pour moi et dies lui bien que je la regarde comme ma grand Maman

S. D.

Paques=1916 14 heures

Cher Parrain

C est de dedans mon abri que je vous ecrits ces quelques mots. Dabord je vous dirais que je suis heureux comme un roi, car cette semaine jai recu de si bonnes lettres de vous autres. Surtout celle de votre Chere Maman, j en ai pleure de joie que vous etiez si bon pour nous.

Peut etre que quand vous recevez ces mots il y auras du nouveaux mais je suis content de vous savoir pret a venir car je tiens a vous remercier de vif voix.

Je suis en 1e ligne depuis 12 heures. Nous n entendons pas comme on le devrait les petites cloches, sonnez pour la resurrection, nous n entendons pas les chants de joie pour cette belle fete mais nous savons que l on peux esperer.

Il y a bien une pauvre eglise la haut au sommet de la crête, mais les barbares ont en fait un fortin et maintenant ces pauvres cloches sont tuees. Ils ne sonneront plus jamais mais ceux qui sont la cause de ce mal ont seront a jamais damner.

Neanmoins nous avons été à la messe à 800 metres des Boches dans une petite chapelle. Comme c etait beau on etait pas beaucoup, mais c etait vraiment poignant. Enfin jai vu un journal dhier et je vois que Monsieur Wilson en as assez des Boches et quil est pret a les pincer.

Il fait bien beau et je vous assure que je suis plus content ici qu au repos. Jai recu des bonnes nouvelles de Monsieur F. et vous me comblez de bontée. Mon Ingersoll marche toujours a merveille et j y tiens comme a mes deux yeux. Après la guerre jaurais un mot a vous dire en attendant Venez bien vite et surtout attention aûx pirates. Dites moi la date que vous embarquer ainsi que celle de votre arrivée et encore une fois attention.

Je vous quitte Cher Parrain en vous souhaitant bon voyage bonne santee et en attendant le plaisir de vous serrer la main bien cordialement.

Recevez mes plus sincères respects avec mon eternel reconnaissance.

Votre ami

S. D.

26 Avril=1916

Cher Parrain

Comme toujours je suis bien heureux de venir causer un petit bout de temps avec vous, car j ai bien des choses a vous dire. Dabord—Etes vous pret à venir.

Il est vrai que l on ne peut jamais compter a l avance avec ces Boches. Jai lu les journaux aujourd hui et je vois que Monsieur Wilson en as assez de leurs trucs de torpillage. Mais surtout faites bon voyage. Si vous pouviez me dire le nom du bateau que vous prendrez a seule fin que je sache quoi et puis la date de votre arrivé j aimerais mieux pour moi que pour vous, car il ne faut pas quil vous arrive quelques chose—vous etes bien trop bon.

A propos il faut que je vous gronde savez vous. J ai recu un si jolie caoutchouc de votre part que cest juste si jose le mettre. On va me prendre pour un officier. Je suis rentre des tranches en bonne santee toujours gai comme un pinson. J y retourne sous peu. Enfin jespere que tout marche toujours tres bien chez vous et que Votre chere Maman ainsi que Votre Frere et Sœur sont toujours en excellente santee.

Aujourd hui il fait bien chaud la campagne est toute verte et l on ne se croirait jamais en guerre.

Ah! jai vu hier des ambulances Americaines elles sont tres belles et confortable et j envie presque d aller dedants.

Jai recu aussi vos si beaux journaux ils

sont vraiment épatants J y ai vu des choses
exactes representant des vues de notre front,
et comme photo ils sont incaparable.

Les gravures de l armée americaine sont
bien jolies aussi et cela nous amusent bien.

Allons au Revoir Cher Parain je vous souhaite bonne santee et bonne chance. Je vous
quitte en vous envoyant ma plus grand reconnaissance avec ma plus forte amitiée.

Au Revoir à bientot

S. D.

Courage—Espoir on les auras.

Dimanche 7 Mai

Cher Ami

Comme je suis encore content de venir
causer un moment avec vous. Je commence
a m ennuyer de ne pas recevoir de vos bonnes
nouvelles car voila 15 gros jours que je ne
vous ai lu.

J espere que rien de facheux ne vous est

arrivé. Comme vous le voyez je suis encore
aux tranchees, mais plus a la meme place.
C est encore calme et je defie a quelqu un de
dire que cest la guerre ici. C est effrayant de
calme et cela magace. Jaimerais mieux savoir ce qu ils font.

Cette nuit quelques uns de mes copains ont
eu la veine de choper un Boche. Il se bala-
dent dans nos fils de fer tout seul. Vous pensez si il a ete recu. Votre capuchon mas bien
servi la nuit derniere il pleuvait et grace a
lui je ne m en suis guere apercu. Je suis toujours tres gai et de bonne humeur. J espere
que vous devez bientot etre pret a venir et le
temps me tarde de vous voir. Jai tant de
choses a vous raconter. Enfin j espere que ce
sera bientot. J attends apres vous. Tout mes
souvenirs sont pret!

Aujourdhui dimanche le temps est triste et
je suis un peu comme lui. Pourtant l endroit
est charmant on se croirait au bois de Bou-
logne disent les Parisiens. Il y a des allees,
des pistes a 1000 metres des Boches. Ils ne

saurait pas nous voir dans les feuillages, mais nous on les vois bien la en haut. Partout ou ils sont, ils sont toujours en haut des monts. Mais on sauras bien les denicher un jour de la, Comme vous le voyez, c est toujours la meme chose, et dans ces conditions la guerre dureras encore longtemps.

Ici il n y a pas de corbeaux ni de pinsons. C est des grenouilles qui chante toute la nuit et cela est plus tot rasant avec les chouettes qui crie avec leurs 'turtulu' lugubre. Cette nuit jirais attrapper des grenouilles les nuit sont encore bien noire et cest ce quil me plait car les Boches serait jaloux si ils savaient qu on va pecher dans leur etang.

Allons au Revoir, cher Parrain. Je vous quitte en vous souhaitant bonne santee, Bonne chance et je prierais pour que votre voyage soit bon et qu il ne vous arrive rien.

Au revoir, a bientot,

Votre devoue Ami

S. D.

12 Mai 1916

Cher Ami

Je viens de recevoir votre lettre du 24 Avril
et j en suis bien heureux. Si vous saviez
comme on la devore la lettre que l on recoit
dans sa tranchee et le plus malheureux c est
que ce plaisir est rare. Enfin moi je ne me
plains pas trop a ce sujet vue que vous
mecrivez assez souvent. Je suis content aussi
de savoir que vous recevez mes lettres a peux
pres regulierement.

Vous me faites envie Cher Parrain en me
disant que vous avez ete a la messe a laquelle
il y avait un si beau sermon avec si jolie
musique. Oh oui ce serait le plus grand plaisir que vous pourrez me faire si je pouvais
entendre cela car je nai jamais eu la chance
dassister a pareille ceremonie, mais je men
console en pensant a mon humble petite
chapelle qui jaime beaucoup et qui quoique
tres pres des Boches. Elle nen est pas moins
bien frequente.

Ce soir il fait bien beau nous voila a mi

Mai et je vois que votre arrivee en France est peut etre proche.

Si vous saviez comme cela me peine de voir que votre pays va peut etre si ruer dans la bagarre. Il y en a assez comme cela sans vous autres allez. Enfin jespere que votre President tout en y se faisant respecter sauras leurs faire comprendre quil ne faut plus quils continue leurs jeux assassins et je lapprove

Si vous me voyez vous seriez epate. Je vous ecrits dans une clairiere et quoique il fait presque nuit japercois la ligne blanche des tranches Bosches a 1000 metres a peine. Jai sorti de mon abri je ny voyais plus pour ecrire. Mes camarades joue au bouchon comme bureau jai un gabion plein de terre et je suis assis par terre les oiseaux chantent tant quils peuvent.

Voici un releve qui fait un potain monstre cest des grands diables de cuirassiers.

Je vous enverrais prochainement une de nos petites photos que mon officier a prise nous sommes quatre gai lurons autout dun marmite boches non eclater moi je suis dans le trou; vous me reconnaisserez a mon sourire ce coup ci je n y vois plus rien il est 8 heures ½ a mon Ingersoll qui est toujours tres juste cest une merveille de montre. Vous pourrez bien dire à votre Chere Maman que je la remercie de tout cœur et que jamais je ne consentirais la changer cette montre car elle est trop juste. Au Revoir Cher ami Bonne chance Bonne santee a toute votre chere famille et sachez que je pense souvent a vous

S. D.

Bonjour Cher Parrain a Bientot il est presque 9 heures.

Venez vite.

Tout mes meilleurs souhaits a Votre Chere Maman et a toute votre famille.

27 Mai 1916

Cher Ami

Nous voici arrive au 27 Mai, date a laquelle vous devez vous embarquer. Je ne sais pas si

cest une idee, mes toute la matinee mes
oreilles ont siflée c'etait vers les 7 heures
alors j ai pense que c etait l instant ou vous
disiez au Revoir a votre Famille. Je pense et
je souhaite ardemment que votre voyage soit
sans accrocs.

Quand vous lirez ces mots je serais peut
etre pres de vous ou je ne tarderais pas a arriver en tout cas je vous assure que le temps
me semble long, tres long meme.

Je ne reçois presque plus de nouvelle de
chez vous et je me demande souvent qu est
quil peux bien y avoir la. Naturellement je ne
me décourage pas, oh non, mais je voudrais
etre quelques jours plus vieux pour etre ras-
suré. Je pense que vous etes accompagner du
beau temps et que maintenant les cotes de
New York vous sont invisibles, il est 3 heure
½, pardon 15 heures ½.

Jespere que demain je recevrais une lettre
de vous en general c est le dimanche que cela
arrive.

Eh bien au Revoir Cher Parrain, je vous

souhaite d ici un bon voyage et vivement votre arrivé à Bordeaux. Une fois la ce sera tout.

Recevez s il vous plait Cher Ami mes plus grands respects

avec mon entiere reconnaissance

S. D.

Samedi (10 juin) = 10 heures = 1916.

2e ligne

Cher Ami

Si vous saviez comme je suis content que vous arrivez j ai recu hier soir a 22 heures votre bonne lettre que vous avez ecrit a bord du Lafayette et elle m as rassuree un peu car je ne savais pas encore au juste si vous etiez embarque. J espere que Monsieur F. vous as deja dis que jetais aux tranchees et qu aussi-tot rentrer je viens en permission pour 6 jours si rien n'arrive j espere venir vers le 25 ou 27. Je serais si content de vous voir et de vous remercier de tant de bontee. Commevous nous n avons pas eu du tres beau temps, pluie et grand vent et des nuits tres noires, propices aux coups traitre Mais ont est toujours solide au poste. Comme je le disais dernierement a un ami ou nous sommes en ce moment c est tres chic, rien que des villas souterraines ah! joubliais de vous dire que j ai change le nom de la mienne au lieu de la Villa des Gaspards cest Yama Farms. Naturellement tout le monde ne comprends que "couic" mais moi je sais ce que cela veux dire—cest suffisant. Les Boches sont assez sages a part quelques miserables obus qui ne font de mal qu aux sapins tout se passent en famille et nous ne subissons que des pertes minimes.

Dailleurs je vous raconterais tout cela en permission quoique vous devez surement renseigne mieux que moi sur ce que nous faisons.

Les aeros apparaissent un peu ce matin. Figurez qu il y a ici un aviateur Francais qui survole les lignes Boches a 200 metres d hauteur ils tirent dessus tant qu ils savent mais impossible de le toucher et cet aviateur je crois que c est un de mes compatriotes le celebre boxeur Georges Carpentier. Je le connais et je serais heureux de lui serrer la main.

J espere que vous n allez pas vous ennuyer en France et que votre sejour ici sera des meilleurs. Je me depeche car je vous ecrit etant dehors et les gouttes commencent a tombee

Nous avons toujours beaucoup de rats et ils nous ennuie surement plus que les Boches.

Eh bien Cher Ami, je vous quitte en vous envoyant toute ma reconnaissance avec mes plus grands respects.   S. D.

J espere que vous serez assez bon pour m ecrire un petit mot de temps en temps et surtout ne mettez plus de timbres s il vous plait.

Au revoir a bientot

Cher Ami

Enfin je viens de recevoir votre lettre avec en tete 12 Rue Cortembert. J en suis content ce coup la de vous savoir la en bonne santee. Je suis egalement heureux de savoir que Monsieur F. vous as dis que j etais aux tranchees oh oui je compte les jours allez c est du 11 demain matin et aussitot rentrer, Je mettrais mes plus belles affaires et vite j'arriverais.

J ai recu aussi une lettre du Relief Clearing House je me demande bien ce quil me veulent.

Comme je vous l ai ecrit hier jai nommé ma villa Yama Farms cela me rappelle votre sejour dans cette ferme japonaise.

J ai recu aussi votre jolie carte du 2 Juin et j admire le la Fayette et je vous y vois sur le pont.

Comme vous le voyez j ecrit mal je suis sur ma toile de tente et ces vilains gaspards me degringolent de la terre dans le coup comme ils sont embetants ces sales rats.

Je me depeche car a 21 heures nous allons travailler au fil de fer je suis content et fier de faire ce travail la surtout que je vous sais la il me semble qui vous me regardez aussi j enfoncerais les piquets bien plus vite.

Le beau temps est revenu le ciel brille et les étoiles s allument les grillons chantent a tue tete et tout est tres calme.

Si vous savez seulement comme c est jolie et quel plaisir que l on as quand on sait que l on est pas inutile sur terre

Mes souvenirs sont bien pret mais mon journal que javais fait avec tant de cœur je lai preté a mon Cher Brigadier D. qui est passer Sous Lieutenant aux Chasseurs a pied et je ne sais quand il me le renverras. Mes officiers l ont tous vu et cela m as attiré leurs simpathie, mais aussitot que je laurais je vous l enverrais sans faute.

Au Revoir Cher Parrain de Guerre je vous souhaite bien le Bonsoir et soyez sur que je

suis toujours bien sage et bien courageux.
Bonsoir dormez bien.

S. D.

Mon Ingersoll marche toujours a merveille. Bonsoir.

A l instant que je finis ma lettre nos 75 tirent par rafale Si vous saviez le potin qu ils font ils metourdissent on voit l éclatement sur les lignes Boche et je cris Bravo.

Je nai pas encore recu la lettre de votre Chere Maman.

Lundi de Pentecote 12 heures.

Cher Ami

Cest par un vent violent que je vous ecrits tellement violent que jai du changer d abri c est a dire Yama Farms avec Villa Thérèse. Ici cest mieux encore la tempete hurle aux armes des sapins. Je reviens a l instant d un tres long trajet en rase campagne et tout pres des Boches tellement pres que les sentinelles nous empechaient de passer nous etions deux, un sous officier Giavere un Corse et moi comme cest drole je m entend beaucoup mieux avec les gars du midi que ceux du Nord. Pourquoi cela je me le demande encore. J en suis rentré mal content, le soleil eclairait la plaine ces plaines aux herbes maigres presque mortes qui est toute la richesse de cette champagne Pouilleuse et tout en haut la bas sur Morenvillers ces collines imposantes avec leurs rides toutes blanches et leur gros yeux qui sont les tranchees ennemies comme cela vous fait de la peine de les savoir la. Pas un village pas une ferme pas un civil cest la guerre seul le canon a la parole et il le prouve.

Jai ete emerveillé de voir mes camarades dans les regiments voisins mieux installés que moi et j en suis jaloux aussi je vais me mettre a lœuvre aussitot. Quels beaux jardins ils ont avec des inscriptions magnifique tel que: Pro Patria tout en vert, Courage—fait avec des eclats dobus—Discipline, tout en gravier et, enfin (Valeur et honneur) fa-

briqué avec des cartouches Boches. Je don-
nerais tout au monde pour que vous puissiez
voir cela. Vous qui comprenez ces belles
choses et si vous le voulez je serais tres heureux apres la guerre si j en sors de vous servir de guide a travers ces multiples boyeaux
fait de sueur et de sang. Dailleurs je saurais
vous l expliquer bientot cette nuit nous mon-
tons en 1e ligne. Je suis content les fusées
m amusent et les rares coups de fusils de
Fritz ne me font pas peur, au contraire je le
provoque en lui tirant sur son abri en acier.

Hier c etait la Pentecote jour de Fete nous
l avons passer sans le savoir ce fut au matin
que j ai su cela.

Enfin cest du 10 demain matin et je vois
que le temps passe vite. J ai recu la si bonne
lettre de votre Chere Maman cette nuit comme
j en suis heureux il me semble que cest ma
Mere qui mécrit. Mais elle est bien trop bonne
pour moi je n en vaut pas la peine croyez
moi et puis je nen veux pas de la montre
bracelet celle que jai me plait bien trop pour

la quitter. Vous la reporterez ou vous la don-
nerez a quelqu un dautre. Eh bien au Revoir
Cher Parrain je vous quitte en vous serrant
la main bien cordialement et vous envoie ma
plus grande reconnaissance.

S. D.

Et vos petits Neveux sont ils toujours bien
sages Je serais bien content de les voir surtout le petit Robert qui ma envoye un colis
avec Mlle votre Sœur 1 an dernier

Mardi=7 heures=1916

Cher Ami

A 1 instant je viens d apprendre une
grande nouvelle Je quitte ma tranchee pour
une destination inconnue.

Quelle fatalitée si au moins j aurais pu
venir en permission Enfin je ne désespère
pas trop et peut etre que j aurais la chance
de venir. Je vous mettrais au courant de ce
qui j ais plus tard.

Soyez sur que je serais bien courageux et

que s il marrivait quelques choses vous le
sauriez aussitot.

Je crois que ça va barder

Au Revoir Cher Parrain a bientot le plaisir
de vous lire

S. D.

Il fait un temps affreux.

16 Juin 1916=19 heures

Mon Cher Parrain

Comme je suis heureux de pouvoir vous
donnez de mes bonnes nouvelles. J ai tant de
choses a vous dire et surtout tant de remerciements, Dabord jai recu de vous plusieurs
bonnes lettres. Celle du 25 Mai que vous avez
ecrit au Yale Club, et qui etait accompagné
d une si jolie Américaine. Écoutez Cher Ami
si elle sont toutes commes cela je vous envie
votre nationalite et je vous prierais si ce nest
pas trop de menvoyer une a votre retour Cela
vous plait il! Je suis persuadé qu elle ne se
plaindrais pas de moi car mes amis disant

que jai un beau caractere. La 2ᵉ lettre cest celle du 11 Juin de la rue Cortambert qui me dis que vous m attendez une minute.

Aujourd hui cest un superbe colis avec un autre encore plus beau de votre part. Vraiment vous etes trop bon Cher Parrain et vous me mettez dans une sale passe. Comment voulez-vous que jamais je sache compensé tant de douceurs. Le colis qui vient de New York est parti depuis longtemps je crois quoique il est arrivé la meme chose que vous me l auriez donnez dans la main tellement il etait intact. Il contenait 6 beaux mouchoirs blancs, a mes initials encore, mais jamais jamais je n oserais m en servir et je vais les garder bien soigneusement pour ma permission ou ma liberation. Ensuite venait les si bonnes et si jolies croquettes en chocolat. Sapristi ! escouade a trouvé cela bon je vous assure, une serviette epatante et des bougies qui vont nous server ce soir a lire vos journaux qui font la joie de tout le monde les plus aimé ce sont ceux qui a de belles photos dessus de jolies dames, vous savez bien comme je voudrais que vous soyez ici pour voir tout cela. On cause souvent de vous et vous etes connu sans le savoir. Je vous reconterais tout cela a ma prochaine arrivée.

Tout mes souvenirs sont bien pret. Je vous apporte 2 obus de 75 J ai pris ceux-la à la place des 77 Boches car jai pensé qu ils auront plus de succes chez vous, c est grace a eux que nous les avons repoussés sur la Marne et sauver la France ce sont des obus scrapnels ensuite 2 grenades changé en lampes de nuit. J oubliais a vous dire que les obus peuvent servir de porte bouquet, un bidon de cavalier Allemands que je traine depuis la Belgique 1914, et encore quelques petites choses interessantes. J avais un joli casque à pointe mais les gendarmes me lont ramasser pendant que j etais aux tranchées Je les maudits heureusement que j y n y etais pas la sans cela jaurait pu ruer cinq minutes.

Enfin je pense venir a la date fixer surement avant le 25. J espere que nous ferons

des bonnes causettes. a l heure que je vous
écrit je suis dans un veritable enfer toute
·l escouade est en ebullition a cause de la nouvelle heure et un de mes amis qui s amuse a
jeter des bouts pain ne trouve rien de mieux
qua menvoyez de la graisse sur ma lettre.
Excusez-nous tout les deux lui pour sa betise
et moi pour ne pas en recommencer une
autre lettre je n ai plus de papier a ecrire et il
est deja tard je tombe de fatigue.

Eh bien Au Revoir Cher Parrain je vous
remercie de tout cœur de tant de bontee et
soyez sur que jamais je ne vous oublierais.

Votre tout devoue Filleul

S. D.

A Bientot le bonheur de vous voir Bonsoir.

Samedi 17 Juin=1916

Cher Parrain de Guerre

Ce midi, comme dessert, j ai recu votre lettre du 14, et j en suis content.

Pour le moment je nai pas grand chose a

vous apprendre si ce n est que je trouve le temps tres long ces jours-ci et jai hate d arriver à la semaine prochaine. Les permissions ne sont pas supprimer mais (suspendus) et elle seront retablie sous peu Alors, Je pars eh comment—

Mon dernier voyage n as pas ete long, 30 kilometres une nuite blanche quoi et nous attendons les ordres sans nous en faire. Neanmoins nous ne sommes pas loin du front les captifs Balloons sont toujours la, et eux aussi ils m ennuient. Il me semble qu ils nous épient.

Jai ecrit a mon Ami D. S. Lieutenant au 16 Bataillon de Chasseurs a pied et jattends sa reponse. Surement qu il ne se fera pas prier pour me renvoyer mon carnet surtout qu il sait que cest pour vous. Mais, Cher Parrain, il y a des choses écrites la dessus que je ne voudrais pas que vous sachez. Du moins pour le moment et si il y a de belles pages, il y en a aussi de navrantes et je ne tiens pas a ce que vous apprenez cela.

Jai augmente votre collection de souvenirs de guerre d un nouveau sujet, et je crois que vous serez heureux. Je vais les empaqueter des ce soir mais en partant je pourrais chanter : It's a long way Rue Cortambert, car ça va etre lourd et pour partir d ici j ai 14 Kilometres pour prendre le train et tout ca a pied.

Mais cela m est bien égal.

Il fait bien beau temps, la brise est fraiche et le soleil se montre gai, le ciel est nuagé de blanc on dirait un immense troupeau de moutons qui paturent la—haut et cela me rappelle un vieux dicton de feu mon Pere "Temps moutonné, n as pas de duree". Est ce vrai?

Je suis certain que vous serez etonne quand vous me verrez tellement je suis bien habillé:—Figurez vous mon Officier m a change toutes mes affaires. J ai culottes neuves, tunique neuve, tout tout neuf comme quand suis partis de ma caserne pour la guerre. Il n y a plus que le bonhomme qui n est pas neuf. Enfin prenons patience et dans quelques jours peut etre je pourrais vous raconter tout cela. Je ne sais pas si je serais avec vous comme avec mes amis, mais je suis bavard je vous previens.

Eh bien Cher Parrain je vous dis au Revoir et a bientot c est cela, conservez la montre pour moi. J ai trouvé une solution épatante.

J espere que vous me conduisez un peu partout dans ce matin de Paris que je ne connais pas encore—ns irons aux Invalides c est ce qui m interrese le plus et ensuite les Tours de Notre Dame. Je veux voir tout cela sans oublir les beaux parcs de Versailles.

Recevez Cher Bienfaiteur mon plus grand respect et aussi mon entiere Reconnaissance.

S. D.

Et vos petits neveux, pourront venir avec vous j aime bien les Enfants malgré que j en suis encore un.

Si vous ecrivez a Votre Chere Maman priez dites lui bien des choses de ma part (à Bientot)

EN PERMISSION

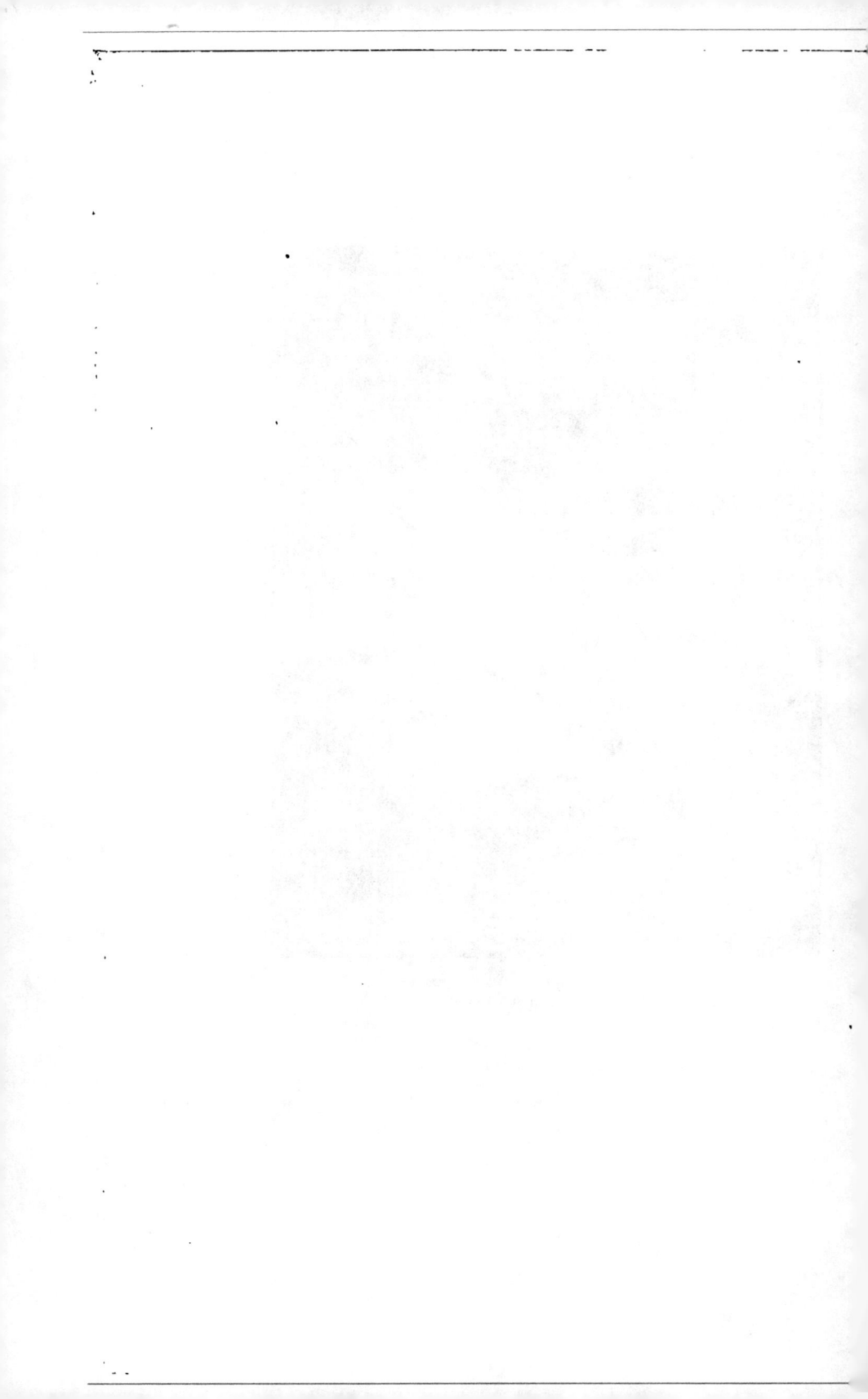

28 Juin, 1916

Cher Parrain

Suis tres heureux de vous apprendre que
j ai fait bon voyage, mais à ma rentré au can-
tonnement plus personne. L'oiseau est envolé
Mais ou?? Je n en sais rien le Chef de Gare
m as dis que j en avais bien pour quatre jours
pour les retrouver. Pristi! heureusement que
Anna m as fait une bonne musette, sans cela
jaurais ete oblige de manger avec les che-
vaux de bois. Le train a marcher tres vite a
cause de la pluie probablement Javais pourtant demander a Paris avant de monter dans
le train, mais on mas repondu que cela ne
me regardais pas, alors! jai monte.

Pour finir cette histoire, c est moi qui est le
dindon de la farce car probablement que
cette nuit il va falloir rebrousser chemin et
repasser le cœur gros a la gare de l'Est. Mais
je prends encore cela du bon coté et je continue a ne pas m en faire. Je tacherais de
vous faire savoir avant votre depart ce qu il
en ai.

Je vous dis au Revoir Cher Parrain en vous serrant la main bien cordialement et vous remercie de tout cœur de votre bon acceuil.

Veuillez presentez tout mes respects a M. et Mme L. et a leurs Chers Enfants. Encore une fois au Revoir

Votre devoue Filleul de Guerre

S. D.

Eh Philippe? veut il toujours tuer les Boches?

Paris—Jeudi 29 Juin

Cher Parrain

Me voici revenu a Paris. Depuis hier j ai fait 400 kilometres pour les beaux yeux du roi de Prusse, et je commence a le maudire bien fort. Je ne m'etais pas trompe c est a peu pres ou je vous avais dit. Je suis arrivé ce matin a 6 heures et je repars a 11 Voila ce qu il arrive quand on a affaire a des gens qui vous renseigne mal.

Vous allez peut etre dire que je vous ecrit souvent, mais je ne sais a quoi passer mon temps

Je vous quitte en vous serrant la main bien cordialement.

S. D.

Vendredi=30 Juin

Cher Parrain

Si vous saviez comme je suis fatigue depuis que je vous ai quitte c'est affrayant comme on est mal renseigne par ces gens de 25 ans qui ferait bien mieux leur devoir avec un fusil a la main sur le front. Figurez vous quapres avoir cherche a pres mon regiment 2 jours et 2 nuits je suis revenu a Paris au Bourgat, c est ecœurant, impossible de savoir ou mon regiment se trouve c est une vraie salade

Si encore on nous donnais ce qu il nous fallait pour manger, mais jusque maintenant je n ai encore rien touche pour manger Ces tas de choses m enervent et jaimerais cent

mille fois mieux etre avec mes camarades.
Nous sommes ici une quarantaine et il nous
est defendu de sortir de la gare.

Maintenant je pense que c est demain que
vous repartez pour l Amerique je vous dis au
Revoir et Recevez Cher Parrain avec tout mes
meilleurs souhaits de bon voyage ma plus
profonde reconnaissance
                                          S. D.

2 Juillet=1916=1916.

Mon cher Parrain

Il est 9½ heures du soir et je viens de recevoir votre bonne lettre du 29 Juin de la rue
Cortambert accompagnée de nos chers photos. Mais je vous trouve tres bien et suis tres
content de vous avoir a mes cotes. Mais vous
etes injuste vous m en envoyez quatre et vous
vous n en avez que 2. C est tres mal cela et si
j avais su je les aurais promis avant vous a
M\ :sup:`me` L. et a Monsieur F. J ai recu aussi la
photo de Bob Il est tres bien et je suis content
de l avoir avec vous dans mes souvenirs.

Il fait bien beau temps et je trouve la vie bien belle encore le canon s eloigne cette fois et nous ne voyons plus les saucisses Boches. Les anglais les abattes vivement.

Excusez mon griffonage Je suis tres mal installe encore cette fois et il fait presque nuit je pense encore a la Rue Cortambert dans laquelle j ai ete si bien recu et j en ai un tout petit peu le cafard.

Jai vu aujourdhui que l'Amerique sentend avec ce sale Mexique qui vous ennui vous. Nous aussi nous sommes en fetes car l offensive Franco-Anglaise est declanchée et vous voyez ca Barde. Je ne vous dis rien de ce que je fais car ma lettre ne vous arriverais pas. Mais soyez sur que nous sommes prets tous a recommencer ce que nous avons fait sur la Marne en 1915. Oui j ai ete malheureux pour retrouver mes amis mais j y suis arriver.

Je suis dans une belle petite ferme, c est charmant. Mais demain ou serons-nous?

Eh bien au revoir cher Ami. Je vous remerci de tout cœur de vos bonnes nouvelles

et vous envoie tout mon amitie avec ma reconnaissance eternelle

                                    S. D.

6 Juillet=1916=22 heures.

Mon cher Parrain

Je profite d un instant de repit pour venir
causer avec vous un instant. Je vais faire
mon possible pour vous expliquer a peu pres
ce que je deviens par ces jours mouvementee.
Comme d habitude je suis tres gai et je
prends tout du bon coté ce qui veut dire que
je deviens je m enfoutiste. Pourtant ce n est
guere le moment, je suis dans un beau petit
village mais abandonné, je loge dans l ancien
presbytere. J ai du couper les orties au sabre
pour faire un chemin jusqu a la porte. Tout
est encore la et je me represente un bon vieux
pretre au cheveux blancs fuyant devant les
Boches en abandonnant ces objets sacres.
Oh cette guerre comme je la maudis a cause
de tout ces sacrileges. Enfin ils nous paieront
ca.

Il fait un temps superbe, le ciel est d un beau bleu pur. Le canon tonne, mais assez loin de moi. Rien ne peux vous figurez ce que le mot «Offensive» veut dire. Partout c est la fievre, partout on est a se demander si dans 10 minutes ce sera notre tour, chose que nous acceptons tous bien volontiers. J espere que vous saurez me lire et veuillez m excuser si jecrits si mal. Dabord je suis mal installe. Je suis dehors dans une pature assis par terre sous un pommier et je suis pressé car c est l heure de la soupe

Je vous dis au Revoir, Cher Parrain, j espere que votre voyage s est bien passé et que deja vous etes au milieu de votre chere Famille.

Recevez, je vous prie, toute ma reconnaissance avec mes plus grands respects.

S. D.

Bien des choses a toute votre Famille et conservez pour vous toute mon amitié.

18 Juillet 1916

Cher Parrain

Vous devez vous demandez ce que je deviens depuis le temps que je ne vous ai ecrits attendez que je vous explique tout cela—Dabord il fait un temps deplorable il pleut sans arret et je me demande si je ne vais pas faire comme Noë. Mais cela est compensé par nos attaques qui ne manquent certes pas de resultats

En ce moment nous marquons le pas mais nous finirons bien du moins notre belle infanterie finirais par nous faire ce trou dans les lignes Boches que nous attendons tant. Eh ce jour la le monde verras ce que le cavalier Français est capable de faire au bout de 2 annee de lecons

Eh votre traversee a t elle ete bonne. Je pense que oui et j attends avec impatience une lettre de vous a ce sujet si vous voyez tout le trafic qu il y a ici c est incroyable. les camions, les autos, les cavaliers, tout ce monde passe tres affairé tout pres de nous le

train blindé tire sans repos et tout cela nous
fait un cahos assourdissant. Surement nous
ne sommes pas heureux mais je sais ce que
c est que la guerre et rien ne nous etonne.
Tout ce que nous demandons c est la ruée
finale et ce jour la nous verrons le droit. Nous
ne voyons pas toujours les journeaux mais
nous sommes renseigne quand meme

Eh bien, Cher Ami, je vous dis au revoir
je vous souhaite bonne santee et vous envoie
ma plus profonde amitie

Votre devoué

S. D.

Au revoir et a bientot le plaisir de vous lire.

25. Juillet=1916

Cher Parrain

Je nai pas encore recu de nouvelles de vous
me disant que vous aviez fait une bonne traversee et jattends avec impatience ces quelques mots pour me tranquilliser. Monsieur

F. me dis dans une de ses dernieres lettres que peut etre en ce moment vous etiez en train de monter la garde a la frontiere Mexicaine et qu avec votre caractere cela vous aurais paru supportable je le pense et le souhaite ardemment. Enfin je pense que tout marche a peu près comme vous le souhaitez.

De mon coté rien de nouveau J aurais esperer beaucoup mieux pour notre offensive et je pense qu il va falloir attendre encore un moment pour avoir un resultat decisif Raison de plus pour redoubler de courage et d'abnégation et notre confiance un peu etonnée nen deviens que plus ferme On les auras Quand-même.

Il fait très beau, tout est calme le canon est toujours aussi bruyant les aéros sont actifs et les saucisses tres vigilante, jen compte 25 sur 6 kilometres. Je suis dans un beau petit village et tout le monde y travaille, sans se douter qu un peu plus loin, cest la bataille. Les gosses jouent insouciants et chacun va son chemin.

Jai recu les journaux et les si beaux livres de Madame Votre Mere et vous pouvez lui dire que jai trouve le livre intitule le (Miracle Francais) dune beautée rare. Je garde ce livre risque a chargé en cas de marche mon cher Faisan.

Comme vous le voyez je ne cause pas des Boches, car je n ai pas eu occasion de les voir ni de les tirer de près, neanmoins j ai assister a de beaux combats d aéros et un marmitage en régle en un mot c etait plus tot médiocre.

Eh bien Cher Ami je vous dis bonsoir je vous souhaite une bonne santée et mille bons souhaits et vous prie de recevoir toute mon affection

S. D.

Veuillez presentez tout mes respects a Madame Votre Mere aussi que toute votre Famille.

Votre devoué

S. D.

30 Juillet 1916

Mon cher Parrain

Jai recu votre bonne lettre datee du 8 avec le New York Times du 9 et jen suis tres heureux. Dabord, de vous savoir toujours en bonne santee et ensuite de voir que vous aussi, vous etes toujours tres gaie—Bravo.

Je vous remercie encore de votre bonne pensee au sujet de la Touraine Oui Elle est de mon age et votre lettre vous l avez écrite le jour de ma naissance et je suis tres content de voir que 25 ans apres je possede un si bon ami que vous.

Il y avait deja long temps que j'attendais de vos bonnes nouvelles et je vous avouerais même que je commencais a mennuyer. Enfin me voici rassure et je sais que maintenant vous etes chez vous. Tant qua moi cest toujours la meme vie, plutot monotone. Il fait assez chaud et comme beau travail cest médiocre—tres médiocre. Je ne perds pas patience, loin de la, mais jaimerais mieux recevoir cet ordre de foncer que l on nous promets depuis 12 mois.

Je sais que vous etee habitué au bruit du
canon, mais je ne crois pas que j amais vous
ayez assister a pareille vacarme.

Ce sont nos amis Anglais qui repondent
dent pour dent aux Germains et vraiment je
ne sais si ils seront forts encore assez longtemps pour maintenir 1 avalanche de feu et
de fer que ns leurs envoyons cest (Kolossal)
et nous causons tranquillement au sujet des
charges redoutables que peut etre nous de-
vous fournir prochainement.

Jai eu la chance dassister a une jolie messe
et je vous dirais franchement que je les trou-
vait aussi belle que celle que ns avons assister ensemble a Paris. Je voudrais que vous
voyez cela tellement cest beau parceque cest
naturel.

Il est 8 heures du soir et je reste seul dans
mon escouade tout le monde se promene et ils
sont si heureux ces braves gens ils ne se dou-
tent pas que demain peut etre il faudra en
découdre serieusement.

Les aeros sont nombreux ils volent tres ser-
rés mais jamais un Boche, a propos de Boche

j en ai vu des prisonniers auquels ont leur avait lancer des gazs dans un état lamentable. Mais cest là la rancon du mauvais puisque ce sont eux qui ont commencer ce vilain jeu et je vous assure quils etaient dans un triste état.

Eh bien cher Parrain je vous dis au revoir je vous serre la main bien bien fort et vous encore ma plus forte amitiée.

Votre devoue petit Francais

S. D.

Veuillez presentez je vous prie tout mes respects a votre Chere Famille. S. D.

Les cloches sonnent l'angelus et je remercie le Bon Dieu detre si bon pour moi.

«Courage—Espoir—On les auras.»

Ecrivez moi souvent si possible.

Au Revoir Bonne santée, et bientot le plaisir de vous lire.

THE·DE VINNE·PRESS

www.ingramcontent.com/pod-product-compliance
Lightning Source LLC
Chambersburg PA
CBHW072100080426
42733CB00010B/2173